Wilfried Krenn | Herbert Puchta

Gute Idee! A2.1

DEUTSCH FÜR JUGENDLICHE
KURSBUCH PLUS INTERAKTIVE VERSION

Deutsch als Fremdsprache

HUEBER VERLAG

Beratung:
Cristina Ortega Lupiáñez, Granada, Spanien
Robert Poljan, Bjelovar, Kroatien

3. 2. 1. | Die letzten Ziffern
2027 26 25 24 23 | bezeichnen Zahl und Jahr des Druckes.

Alle Drucke dieser Auflage können, da unverändert, nebeneinander benutzt werden.
1. Auflage

Umschlaggestaltung: Sieveking · Agentur für Kommunikation, München
Layout und Satz: Sieveking · Agentur für Kommunikation, München
Verlagsredaktion: Veronika Kirschstein, Gondelsheim; Gisela Wahl, Hueber Verlag
Druck und Bindung: F&W Druck- und Mediencenter GmbH, Kienberg
Printed in Germany
ISBN 978-3-19-501824-1

Art. 530_28035_001_01

WEGWEISER

GUTE IDEE!

hat pro Band drei Module, jedes Modul hat zwei Lektionen und vier Modul-Plus-Seiten.

LEKTION | Eine Lektion hat acht Seiten mit einer festen Lektionsstruktur.

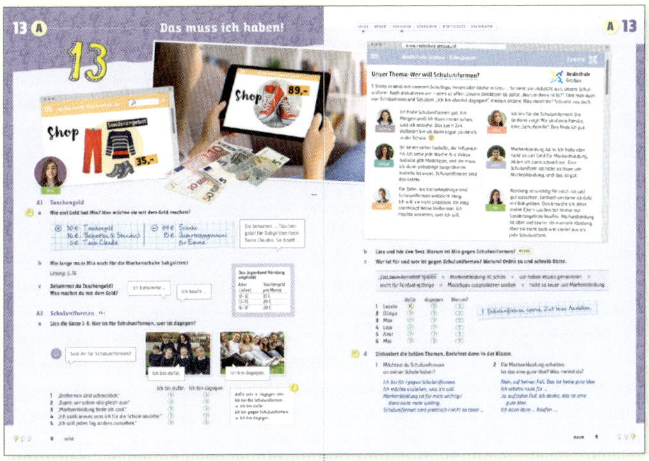

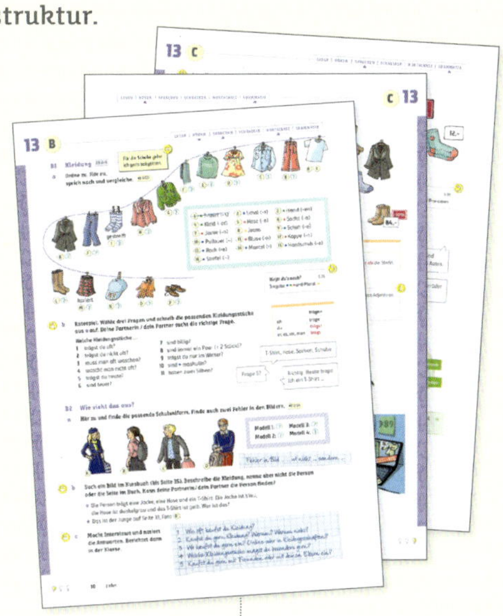

A Die **A-Seiten** präsentieren Texte in einer Vielfalt von Textsorten.

B C E Die **B-, C-** und **E-Seiten** behandeln ausgewogen Wortschatz und Grammatik der vorangegangenen Input-Seiten A und D.

D Mithilfe der **D-Seite** kann man Deutsch hören, so wie es im Alltag gesprochen wird.

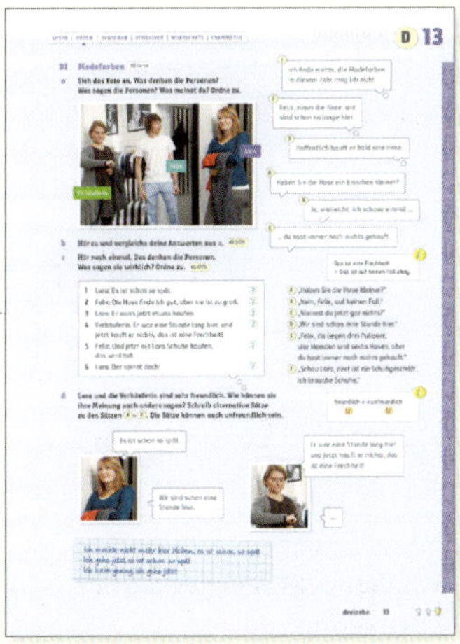

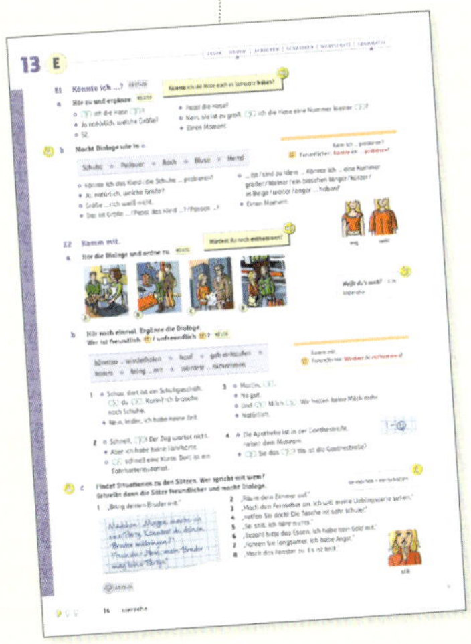

+ Die ⊕**-Seite** beschließt die Lektion mit einem (Hör-)Text oder Spiel, einer Schreibaufgabe und einer Comic-Geschichte.

WEGWEISER

MODUL-PLUS | Auf zwei Lektionen folgen vier Modul-Plus-Seiten.

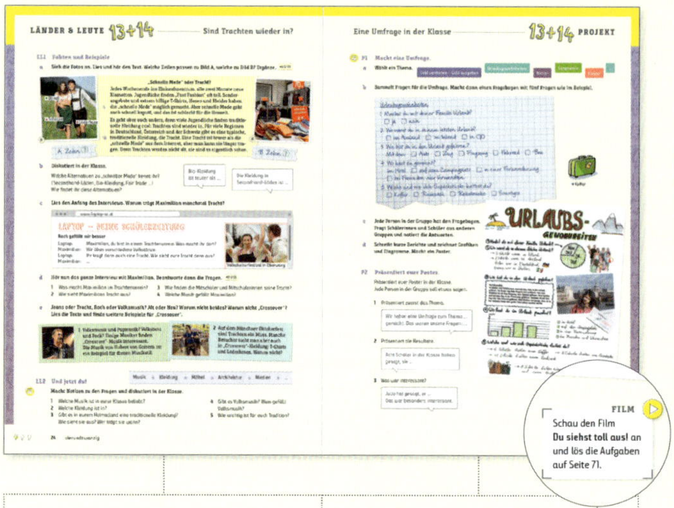

Die **Grammatikübersicht** visualisiert neue Inhalte und Strukturen aus je zwei Lektionen.

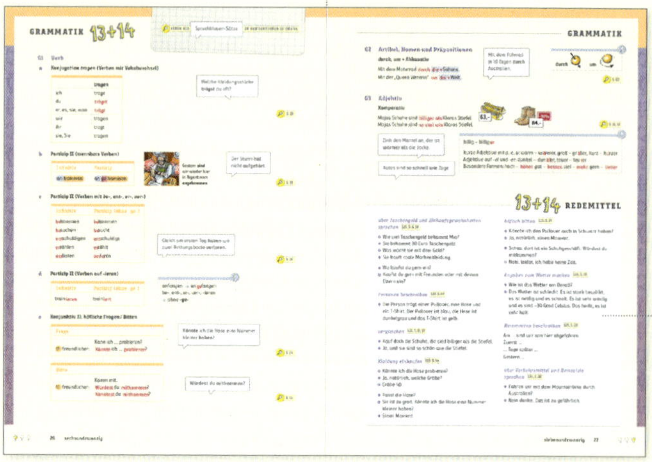

FILM
Schau den Film **Du siehst toll aus!** an und lös die Aufgaben auf Seite 71.

Die Doppelseite **Länder & Leute** zeigt, wie Jugendliche ihren Alltag in Deutschland, Österreich und der Schweiz leben und erleben.

In den **Projekten** kann das Gelernte sofort kreativ umgesetzt werden. Hier gibt es auch einen Verweis auf einen Film mit Aufgaben im Anhang.

Die **Redemittel** helfen, Sprechabsichten zu verwirklichen.

ANHANG | weitere Aufgaben

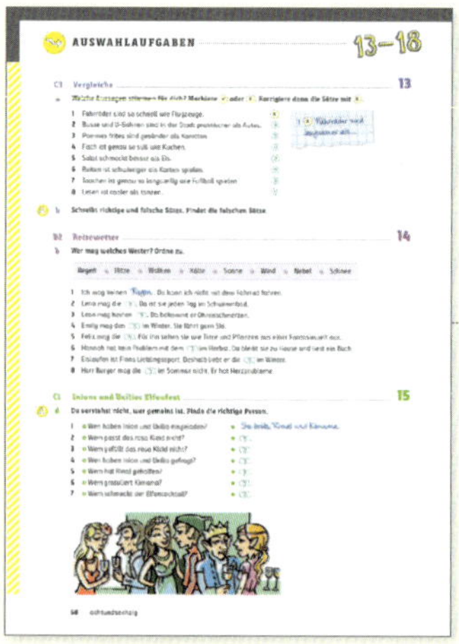

Auswahlaufgaben zu den Lektionen

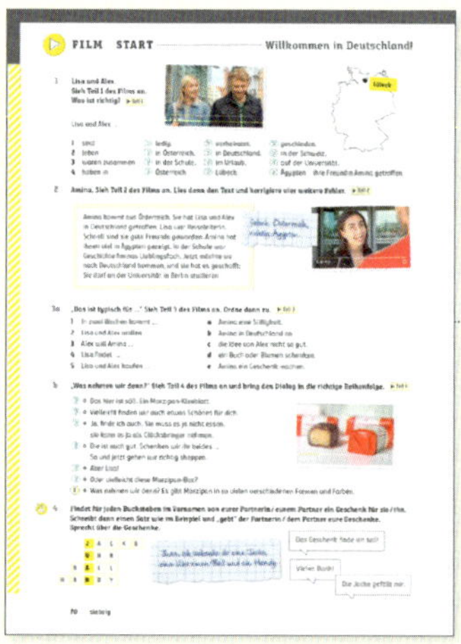

Aufgaben zu **Filmen** im Medienpaket

SYMBOLE

(Pfeil)	gelenkte Variante der Aufgabe
(zwei Personen)	Aufgabe zu zweit
(Gruppe)	Aufgabe für Kleingruppen
(Blatt)	Schreibtraining
GEOGRAFIE	Arbeitsblatt zum Sachfach-Unterricht auf *www.hueber.de/gute-idee*

1/10	Aufgabe mit Hörtext (CD 1, Track 10)
AB 3–5	passende Übung(en) im Arbeitsbuch
AB 1–2	Ausspracheübungen im Arbeitsbuch
AB 1–2	Fertigkeitentraining im Arbeitsbuch
▶ Teil 1	zur Aufgabe passender Filmteil

Textzitat

Hörzitat

Grammatik

Infokasten

FILM
Film mit Aufgaben

Weißt du's noch? S. 74–75
Grammatik-Wiederholung

INHALT 13–18

KOMMUNIKATION	WORTSCHATZ	GRAMMATIK
· über Taschengeld und Einkaufsgewohnheiten sprechen · Personen beschreiben · vergleichen · Kleidung einkaufen · höflich bitten	· Kleidung	· Verb mit Vokalwechsel *(tragen)* · Adjektivkomparation: Komparativ · Vergleich *(als, wie)* · Höflichkeitsform Konjunktiv II *(würde, könnte)* Wiederholung: bestimmter und unbestimmter Artikel, Personalpronomen, Plural, Imperativ

14 | Einmal um die Welt ...

KOMMUNIKATION	WORTSCHATZ	GRAMMATIK
· Angaben zum Wetter machen · Reiserouten beschreiben · über Verkehrsmittel und Reiseziele sprechen	· Wetter	· Partizip II von trennbaren und untrennbaren Verben und Verben auf *-ieren* · Präpositionen mit Akkusativ *(durch, um)* Wiederholung: Perfekt und Präteritum, Präpositionen

13 + 14 | MODUL-PLUS

15 | Kennst du ihn?

KOMMUNIKATION	WORTSCHATZ	GRAMMATIK
· Personen beschreiben und charakterisieren · Besitz angeben · Entscheidungen diskutieren · Vorlieben angeben	· Kommunikationsmittel · Personen beschreiben · Personen charakterisieren	· Verben mit Dativ *(gehören, passen ...)* · Verben mit Akkusativ *(einladen, finden ...)* · Fragepronomen *Wem?* · Modalverb *sollen* · *gern / lieber / am liebsten* Wiederholung: Negation, Pronomen, Modalverben

16 | Was für eine Idee!

KOMMUNIKATION	WORTSCHATZ	GRAMMATIK
· Angaben zu Mengen und Maßen machen · vergleichen · Zweifel ausdrücken	· Mengen und Maße	· Adjektivkomparation: Superlativ · Nebensätze mit *dass* · Demonstrativartikel *dieser* · Indefinitpronomen *welch-* · *Was für ein ...?*

15 + 16 | MODUL-PLUS

17 | Wenn ich das schaffe, ...

KOMMUNIKATION	WORTSCHATZ	GRAMMATIK
· in einem Restaurant bestellen · über Berufswünsche sprechen · sagen, was jemanden stört	· Essen und Trinken · Arbeitswelt · Schul- und Ausbildungssystem	· Wechselpräpositionen mit Dativ und Akkusativ · Nebensätze mit *wenn* Wiederholung: Präpositionen

18 | Damals durfte man das nicht ...

KOMMUNIKATION	WORTSCHATZ	GRAMMATIK
· das Leben früher und heute vergleichen · seine Meinung zu Fernsehsendungen sagen	· Aktivitäten im Haushalt · Freizeitaktivitäten	· Präteritum von Modalverben · Nebensätze mit *weil*

17 + 18 | MODUL-PLUS

1 Was haben wir gemeinsam? AB 1–4

a **Hör zu. Welche Themen passen zu den Dialogen? Nur vier Themen passen.** 1/01

(A) Stundenplan ★ (B) Hobbys ★ (C) Fernsehen ★ (D) Essen und Trinken ★ (E) Musik ★ (F) Krankheit ★ (G) Reisen ★ (H) Wohnen

Dialog 1: ?
Dialog 2: ?
Dialog 3: ?
Dialog 4: ?

b **Hört noch einmal. Was haben die Schülerinnen und Schüler gemeinsam? Was ist anders? Schreibt Sätze.** 1/01

Sven und Julia: *Beide hatten Ferien, beide ...*
Alva und Axel: *Beide ...*
Michael und Kerstin: ?
Martin und Maria: ?

Venedig ★ Stundenplan ★ Pizza ★ Eis ★ schlecht schlafen ★ Horrorfilm ★ Sport

c **Diese Wörter kennst du schon aus „Gute Idee! A1". Ordne zu.**

Familie	Wohnen	Reisen	Essen und Trinken	Schule
?	*Badezimmer*	?	?	?

• ~~Badezimmer~~ ★ • Mathematik ★ • Schiff ★ • Salat ★ • Schlafzimmer ★ • Flugzeug ★ • Flur ★ • Sofa ★ • Kinderzimmer ★ • Möbel ★ • Zug ★ • Auto ★ • Bus ★ • Gemüse ★ • Klasse ★ fahren ★ fliegen ★ einsteigen ★ • Bruder ★ • Milch ★ • Schwester ★ • Biologie ★ • Kartoffeln ★ • Mineralwasser ★ • Note ★ • Chemie ★ • Vater ★ • Mutter ★ • Wurst ★ • Onkel ★ • Tante ★ • Cousin ★ • Erdkunde lernen

d **Findet noch mehr Wörter zu den Themen in c.**

2 Und jetzt ihr!

a **Was habt ihr gemeinsam? Sprecht und findet 10 Gemeinsamkeiten.**

Gemeinsamkeiten
ein Bruder
keine Hamburger
...

○ Ich habe einen Bruder. Hast du auch Geschwister?
◆ Ja, ich habe eine Schwester und einen Bruder.
○ Magst du Hamburger?
◆ Nein, du?
○ Ich auch nicht.
◆ Wann stehst du am Morgen auf?
○ Um ...

Weißt du's noch? S. 74
Verbkonjugation

b **Berichtet in der Klasse.**

Wir haben beide ...

Wir mögen keine Hamburger.

Wir stehen um ...

FILM
Schau den Film **Willkommen in Deutschland!** an und lös die Aufgaben auf S. 70.

13

A1 Taschengeld

a **Wie viel Geld hat Mia? Was möchte sie mit dem Geld machen?**

+		−	
30 €	Taschengeld	89 €	Schuhe
36 €	Babysitten (6 Stunden)	15 €	Geburtstagsgeschenk für Emma
5 €	Tante Claudia		

Sie bekommt ... Taschengeld / für Babysitten / von Tante Claudia. Sie kauft ...

b **Wie lange muss Mia noch für die Markenschuhe babysitten?**

Lösung: S. 76

c **Bekommst du Taschengeld? Was machst du mit dem Geld?**

Ich bekomme ...

Ich kaufe ...

Das Jugendamt Nürnberg empfiehlt:

Alter (Jahre)	Taschengeld pro Monat
10–12	10 €
13–15	20 €
16–17	30 €

A2 Schuluniformen AB 1

a **Lies die Sätze 1–5. Wer ist für Schuluniformen, wer ist dagegen?**

Seid ihr für Schuluniformen?

	Ich bin dafür.	Ich bin dagegen.
1 „Uniformen sind schrecklich."	?	?
2 „Super, wir sehen alle gleich aus!"	?	?
3 „Markenkleidung finde ich cool."	?	?
4 „Ich weiß immer, was ich für die Schule anziehe."	?	?
5 „Ich will jeden Tag anders aussehen."	?	?

dafür sein ≠ dagegen sein
Ich bin **für** Schuluniformen.
→ Ich bin dafür.
Ich bin **gegen** Schuluniformen.
→ Ich bin dagegen.

www.realschule-grossau.at

Realschule Großau – Schulforum FORUM

Unser Thema: Wer will Schuluniformen?

Realschule Großau

T-Shirts in Weiß mit unserem Schullogo, Hosen oder Röcke in Grau ... So sieht sie vielleicht aus, unsere Schuluniform. Noch diskutieren wir – alles ist offen. Unsere Direktorin ist dafür. „Warum denn nicht?", hört man auch von Schülerinnen und Schülern. „Ich bin absolut dagegen!", meinen andere. Was meint ihr? Schreibt uns doch.

Leonie: Ich finde Schuluniformen gut. Am Morgen weiß ich dann immer schon, was ich anziehe. Das spart Zeit. Vielleicht bin ich dann sogar pünktlich in der Schule. 😉

Lisa: Ich bin für die Schuluniformen. Die Uniform zeigt: Wir sind eine Familie, eine „Schulfamilie". Das finde ich gut.

Dünya: Ihr kennt sicher Isabella, die Influencerin. Ich sehe jede Woche ihre Videos. Isabella gibt Modetipps, und die muss ich dann unbedingt ausprobieren. Isabella ist super, Schuluniformen sind das Letzte.

Amir: Markenkleidung ist in. Ich habe aber nicht so viel Geld für Markenkleidung, da bin ich dann schnell out. Eine Schuluniform ist nicht so teuer wie Markenkleidung, und das ist gut.

Max: Für Zehn- bis Vierzehnjährige sind Schuluniformen vielleicht okay. Ich will sie nicht anziehen. Ich mag überhaupt keine Uniformen. Ich möchte anziehen, was ich will.

Mia: Kleidung ist wichtig für mich. Ich will gut aussehen. Deshalb verdiene ich Geld mit Babysitten. Das brauche ich, denn meine Eltern wollen mir immer nur Sonderangebote kaufen. Markenkleidung ist aber viel teurer als normale Kleidung. Aber sie sieht auch viel cooler aus als jede Schuluniform.

b **Lies und hör den Text. Warum ist Mia gegen Schuluniformen?** 1/02

c **Wer ist für und wer ist gegen Schuluniformen? Warum? Ordne zu und schreib Sätze.**

~~Zeit beim Anziehen~~ sparen ★ Markenkleidung ist schön ★ wir haben etwas gemeinsam ★ nicht für Fünfzehnjährige ★ Modetipps ausprobieren wollen ★ nicht so teuer wie Markenkleidung

		dafür	dagegen	Warum?
1	Leonie	⊗	?	?
2	Dünya	?	?	?
3	Max	?	?	?
4	Lisa	?	?	?
5	Amir	?	?	?
6	Mia	?	?	?

1 Schuluniformen sparen Zeit beim Anziehen.

d **Diskutiert die beiden Themen. Berichtet dann in der Klasse.**

1 Möchtest du Schuluniformen an deiner Schule haben?

Ich bin für / gegen Schuluniformen.
Ich möchte anziehen, was ich will.
Markenkleidung ist für mich wichtig / dann nicht mehr wichtig.
Schuluniformen sind praktisch / nicht so teuer ...

2 Für Markenkleidung arbeiten. Ist das eine gute Idee? Was meinst du?

Nein, auf keinen Fall. Das ist keine gute Idee.
Ich arbeite nicht für ...
Ja, auf jeden Fall. Ich denke, das ist eine gute Idee.
Ich kann dann ... kaufen. ...

B1 Kleidung AB 2–6

> Für die **Schuhe** gehe ich gern babysitten.

a **Ordne zu. Hör zu, sprich nach und vergleiche.** 1/03

~~1 • T-Shirt (-s)~~	2 • Schal (-s)	3 • Hemd (-en)
4 • Kleid (-er)	5 • Hose (-n)	6 • Socke (-n)
7 • Jacke (-n)	8 • Jeans	9 • Schuh (-e)
10 • Pullover (–)	11 • Bluse (-n)	12 • Kappe (-n)
13 • Rock (¨-e)	14 • Mantel (¨)	15 • Handschuh (-e)
16 • Stiefel (–)		

Weißt du's noch? S. 75
Singular • • • und Plural •

b **Ratespiel. Wähle drei Fragen und schreib die passenden Kleidungsstücke aus a auf. Deine Partnerin / dein Partner sucht die richtige Frage.**

Welche Kleidungsstücke ...

1 trägst du oft?
2 trägst du nicht oft?
3 muss man oft waschen?
4 wäscht man nicht oft?
5 trägst du heute?
6 sind teuer?
7 sind billig?
8 sind immer ein Paar (= 2 Stück)?
9 trägst du nur im Winter?
10 sind • maskulin?
11 haben zwei Silben?

	tragen
ich	trage
du	**trägst**
er, es, sie, man	**trägt**

> T-Shirt, Hose, Socken, Schuhe

> Frage 5?

> Richtig. Heute trage ich ein T-Shirt ...

B2 Wie sieht das aus?

a **Hör zu und finde die passende Schuluniform. Finde auch zwei Fehler in den Bildern.** 1/04

Modell 1: ? Modell 3: ?
Modell 2: ? Modell 4: ?

Fehler in Bild ...: ... ist nicht ..., sondern ...

b **Such ein Bild im Kursbuch (bis Seite 35). Beschreibe die Kleidung, nenne aber nicht die Person oder die Seite im Buch. Kann deine Partnerin / dein Partner die Person finden?**

- Die Person trägt eine Jacke, eine Hose und ein T-Shirt. Die Jacke ist blau, die Hose ist dunkelgrau und das T-Shirt ist gelb. Wer ist das?
- Das ist der Junge auf Seite 33, Foto B.

c **Macht Interviews und notiert die Antworten. Berichtet dann in der Klasse.**

1 *Wie oft kaufst du Kleidung?*
2 *Kaufst du gern Kleidung? Warum? Warum nicht?*
3 *Wo kaufst du gern ein? Online oder in Kleidergeschäften?*
4 *Welche Kleidungsstücke magst du besonders gern?*
5 *Kaufst du gern mit Freunden oder mit deinen Eltern ein?*

C1 Was ist billiger? AB 7–10

Markenkleidung ist **teurer als** normale Kleidung.

a **Kleidungsstücke vergleichen. Hör zu und finde die Paare.** 1/05

b **Hör noch einmal. Ergänze dann die Sätze. Verwende die Kleidungsstücke aus a.** 1/05

- wärmer
- ~~billiger~~
- besser
- eleganter
- schöner
- lieber

1 „Kauf doch die Schuhe, die sind billiger als die Stiefel."
2 „Zieh den ? an, der ist ? als die ?."
3 „Ich ziehe den ? an, der ist ? als das ?."
4 „Nimm ?, die sind ? als die ?."
5 „Das ? passt ? als das ?."
6 „Es regnet. Ich nehme ? die ? als ?."

Komparativ
Die Stiefel sind billig.
Die Schuhe sind billi**ger als** die Stiefel.

c **Ergänze die Tabelle. Hör zu und vergleiche.** 1/06

Komparativ		*besondere Formen:*			
billig	billiger	?	wärmer	?	teurer
schnell	?	groß	?	?	dunkler
klein	?	kurz	?	gut	besser
interessant	?	nah	?	viel	mehr
hässlich	?	?	höher	gern	lieber

bei kurzen Adjektiven:
a → ä
o → ö
u → ü

d **Zeig ein Adjektiv aus c. Deine Partnerin oder dein Partner nennt das Adjektiv im Komparativ.**

gern – lieber

C2 Rechenrätsel

a **Lies und ergänze den Dialog.**

- ○ Was ist los, Mia?
- ◆ Ich habe nur noch 10 Euro. Ich hatte aber 89 Euro auf meinem Konto.
- ○ Du hast schon ziemlich viel gekauft. Zum Beispiel die Hose für 68 €.
- ◆ Ja, aber im Sonderangebot war sie ? billiger, sie hat also nur ? gekostet.
- ○ Und dann hast du noch drei Blusen gekauft.
- ◆ Die Blusen waren auch im Sonderangebot, die waren auch ? billiger.
- ○ Stimmt, die drei Blusen haben ? gekostet.
- ◆ Das sind zusammen ?. Ich habe aber nur noch zehn Euro.
- ○ Es fehlen 21 Euro.
- ◆ Vielleicht haben wir falsch gerechnet?

b **Hör zu und vergleiche. Haben Mia und Julia falsch gerechnet?** 1/07

Lösung: S. 76

c **Hört den Dialog und ergänzt. Macht Dialoge wie im Beispiel.** 1/08

45 € / • Hose ★
13 € / • Bluse ★
24 € / • Hemd ★
29 € / • Rock ★
7 € / • Socken ★

○ Ich habe noch *45 €*.
Ich brauche noch *eine Hose*.
◆ [?] kostet [?].
Aber im Sonderangebot ist *sie* 50 % billiger.
○ Da kostet [?] dann [?]. Das geht.

Weißt du's noch? S. 75
Artikelwörter und Pronomen

C3 Vergleiche

S. 68 AB 11–13

a **Macht Sätze mit Adjektiven. Wie viele Sätze könnt ihr in fünf Minuten finden?**

Vergleich

Flugzeuge sind **schneller als** Autos.
Autos sind **so schnell wie** Züge.

Flugzeug: 800 km / h
Auto: 130 km / h
Zug: 130 km / h

Bus – U-Bahn – Flugzeug – Auto – Schiff – Zug – Fahrrad

Flugzeuge sind schneller als Autos.

In der Stadt sind Fahrräder so schnell wie Autos.

schnell ★ langsam ★ billig ★ interessant ★ praktisch

Pommes frites – Eis – Salat – Fisch – Hamburger – Kuchen – Karotten

gesund ★ teuer ★ billig ★ gut ★ süß

praktisch = es ist einfach und passt gut

Fußball spielen – tauchen – tanzen – Karten spielen – reiten – lesen

schwierig ★ lustig ★ cool ★ langweilig ★ einfach

b **Ratespiel. Vergleiche Dinge / Personen in der Klasse. Schreib drei Sätze, ein Satz ist falsch.**

Ich bin älter als Laszlo. Maria ist größer als ich. Ich bin so alt wie Maria. Meine Tasche ist kleiner als Kevins Tasche. ...

c **Lest die Sätze. Die anderen raten: Welcher Satz stimmt nicht?**

D1 Modefarben AB 14–16

a **Sieh das Foto an. Was denken die Personen? Was sagen die Personen? Was meinst du? Ordne zu.**

1 Ich finde nichts, die Modefarben in diesem Jahr mag ich nicht. ◯

2 Felix, nimm die Hose, wir sind schon so lange hier. ◯

3 Hoffentlich kauft er bald eine Hose. ◯

A Haben Sie die Hose ein bisschen kleiner?

B Ja, vielleicht, ich schaue einmal ...

C ... du hast immer noch nichts gekauft.

b **Hör zu und vergleiche deine Antworten aus a.** 1/09

c **Hör noch einmal. Das denken die Personen. Was sagen sie wirklich? Ordne zu.** 1/09

Das ist eine Frechheit!
≈ Das ist auf keinen Fall okay.

1 Lara: Es ist schon so spät. (?)
2 Felix: Die Hose finde ich gut, aber sie ist zu groß. (?)
3 Lara: Er muss jetzt etwas kaufen. (?)
4 Verkäuferin: Er war eine Stunde lang hier, und jetzt kauft er nichts, das ist eine Frechheit! (?)
5 Felix: Und jetzt mit Lara Schuhe kaufen, das wird toll. (?)
6 Lara: Der spinnt doch! (?)

A „Haben Sie die Hose kleiner?"
B „Nein, Felix, auf keinen Fall."
C „Nimmst du jetzt gar nichts?"
D „Wir sind schon eine Stunde hier."
E „Felix, da liegen drei Pullover, vier Hemden und sechs Hosen, aber du hast immer noch nichts gekauft."
F „Schau Lara, dort ist ein Schuhgeschäft. Ich brauche Schuhe."

d **Lara und die Verkäuferin sind sehr freundlich. Wie können sie ihre Meinung auch anders sagen? Schreib alternative Sätze zu den Sätzen B–E. Die Sätze können auch unfreundlich sein.**

freundlich ↔ unfreundlich

Es ist schon so spät.

Wir sind schon eine Stunde hier.

Er war eine Stunde lang hier und jetzt kauft er nichts, das ist eine Frechheit!

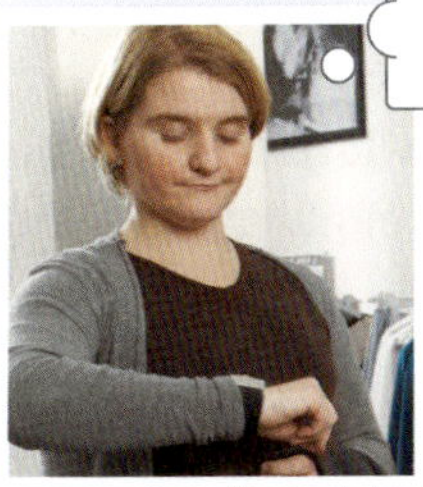

...

Ich möchte nicht mehr hier bleiben, es ist schon so spät.
Ich gehe jetzt, es ist schon so spät.
Ich habe genug, ich gehe jetzt.

E1 Könnte ich …? AB 17–20

Könnte ich die Hose auch in Schwarz **haben**?

a Hör zu und ergänze. 1/10

- ○ ? ich die Hose ??
- ◆ Ja natürlich, welche Größe?
- ○ 52.
- ◆ Passt die Hose?
- ○ Nein, sie ist zu groß. ? ich die Hose eine Nummer kleiner ??
- ◆ Einen Moment.

b Macht Dialoge wie in a.

Schuhe ★ Pullover ★ Rock ★ Bluse ★ Hemd

Kann ich … probieren?
Freundlicher: **Könnte** ich … **probieren**?

- ○ Könnte ich das Kleid / die Schuhe … probieren?
- ◆ Ja, natürlich, welche Größe?
- ○ Größe … / Ich weiß nicht.
- ◆ Das ist Größe … / Passt das Kleid …? / Passen …?
- ○ … ist / sind zu klein … Könnte ich … eine Nummer größer / kleiner / ein bisschen länger / kürzer / in Beige / weiter / enger … haben?
- ◆ Einen Moment.

eng

weit

E2 Komm mit.

Würdest du noch **mitkommen**?

a Hör die Dialoge und ordne zu. 1/11

A

B

C

D

Weißt du's noch? S. 74
Imperativ

b Hör noch einmal. Ergänze die Dialoge.
Wer ist freundlich ☺ / unfreundlich ☹? 1/11

könnten … wiederholen ★ kauf ★ geh einkaufen ★ komm ★ bring … mit ★ würdest … mitkommen

Komm mit.
Freundlicher: **Würdest** du **mitkommen**?

1
- ○ Schau, dort ist ein Schuhgeschäft. ? du ?, Karin? Ich brauche noch Schuhe.
- ◆ Nein, leider, ich habe keine Zeit.

2
- ○ Schnell, ?! Der Zug wartet nicht.
- ◆ Aber ich habe keine Fahrkarte.
- ○ ? schnell eine Karte. Dort ist ein Fahrkartenautomat.

3
- ○ Martin, ?.
- ◆ Na gut.
- ○ Und ? Milch ?. Wir haben keine Milch mehr.
- ◆ Natürlich.

4
- ○ Die Apotheke ist in der Goethestraße, neben dem Museum.
- ◆ ? Sie das ?? Wo ist die Goethestraße?

1 – ☺

c Findet Situationen zu den Sätzen. Wer spricht mit wem? Schreibt dann die Sätze freundlicher und macht Dialoge.

an·machen = ein·schalten

1 „Bring deinen Bruder mit."

Mädchen: „Morgen mache ich eine Party. Könntest du deinen Bruder mitbringen?"
Freundin: „Nein, mein Bruder mag keine Partys."

2 „Räum dein Zimmer auf."
3 „Mach den Fernseher an. Ich will meine Lieblingsserie sehen."
4 „Helfen Sie doch! Die Tasche ist sehr schwer."
5 „Sei still. Ich höre nichts."
6 „Bezahl bitte das Essen. Ich habe kein Geld mit."
7 „Fahren Sie langsamer. Ich habe Angst."
8 „Mach das Fenster zu. Es ist kalt."

still

AB 21–24

1 Markenschuhe

a Lies und hör den Text. Ergänze die Informationen in der Grafik. 1/12

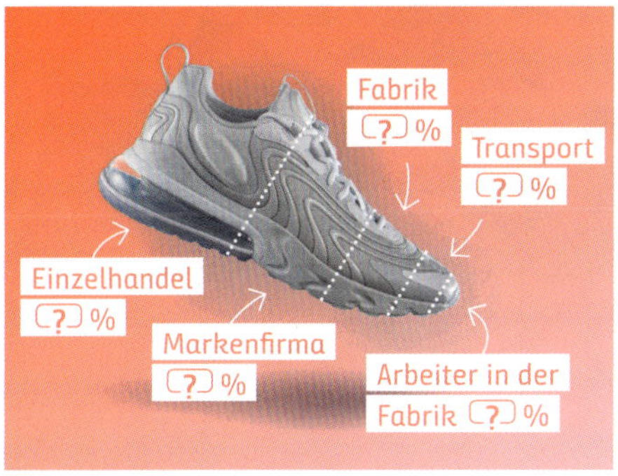

Wer bekommt meine 100 Euro?

Deine Schuhe haben 100 € gekostet. Wer bekommt jetzt dein Geld? Einen Teil bekommen die Verkäufer in deinem Schuhgeschäft, das ist klar: 50 € bekommt das Schuhgeschäft in deiner Stadt. Der Transport zum Schuhgeschäft war nicht teuer. 5 Prozent von deinen 100 € sind die Transportkosten. Du denkst, dann bleiben 45 € für die Produktion? Falsch. Die Schuhfabrik für deine Schuhe steht in Indien. Die Fabrik bekommt 12 €: 8 € für das Material und 3 € für die Energie und die Maschinen in der Schuhfabrik. Die Arbeiter bekommen 0,5 Prozent von deinen 100 €, das sind genau 50 Cent. 50 + 5 + 12 sind 67 €. Wer bekommt nun den Rest von deinen 100 €? Dein Schuh ist ein Markenschuh. Den Rest bekommt die Markenfirma. 9 € kostet ihre Werbung und 10 € kostet die Forschung, 14 € sind der Profit der Markenfirma.

b Was bedeuten die Wörter im Text wohl? Kannst du die Bedeutung erraten? Übersetze in eine Sprache, die du sprichst. Vergleiche dann mit einem Online-Wörterbuch.

• Teil	• Produktion	• Energie	• Maschine
• Werbung	• Forschung	• Rest	• Profit

• Firma: produziert und verkauft etwas

• Transport

Ich glaube, „Teil" bedeutet …

GEOGRAFIE

2 Die Hose passt nicht.

a Lies die Nachricht und beantworte die Fragen.

Bea

Hallo Marie, meine Bluse und meine Hose sind da! Du weißt, für die Party nächste Woche. Die Bluse passt und sieht toll aus. Die Hose ist zu groß. Die brauche ich eine Nummer kleiner. Die Farbe passt auch nicht. Im Internet hat das Rot toll ausgesehen. Ich möchte die Hose jetzt aber lieber in Dunkelblau. Ich muss sie zurückschicken. Ich schreib gleich eine Mail an die Firma. Bis bald Bea

1. Was hat Bea gekauft?
2. Warum ist Bea nicht ganz zufrieden?
3. Was muss sie jetzt machen?

b Schreib Beas Mail an die Internetfirma.

Sehr geehrte Damen und Herren,
ich habe … … passt leider nicht. …
ist zu groß. Ich brauche … kleiner. …
Ich möchte … in Dunkelblau. Könnten
Sie … Ich schicke … zurück.
Mit freundlichen Grüßen …

AB 25–27

Einmal um die Welt ...

14

A1 Expedition zum Denali

a Schau die Fotos 1–3 und die Karten oben an. Wo sind Stefan und Anja Baumgartner? Wie spät ist es wohl?

Stefan Baumgartner ist in ... In ... ist es ... Uhr.

Anja Baumgartner ist vielleicht ...

b Hört zu und vergleicht mit euren Vermutungen in **a**. Beschreibt dann Stefan Baumgartners Reiseroute. 1/13

Sie sind mit ... von ... nach ... geflogen.

Sie fahren ...

c Welches Foto (A–D) passt? Ordne zu.

1. Das Wetter ist schlecht.
2. Die Bergsteiger warten im Zelt.
3. Das Basislager am Denali
4. Das Ziel: Der Gipfel

DER GIPFEL WARTET

„… einhundertvierundsechzig, einhundertfünfundsechzig, einhundertsechsundsechzig …“

Stefan Baumgartner liegt im Zelt und zählt die Quadrate auf seinem Schlafsack. Das Wetter ist schon eine Woche lang schlecht: Es ist neblig, sehr windig, es schneit, und es sind minus 25 Grad Celsius. Stefan Baumgartner, Christina Kaltner und Benjamin Weithofer warten im Basislager am Denali. Die drei möchten den Berg besteigen, aber zuerst muss das Wetter besser werden. Das Warten und die Langeweile sind furchtbar. Stefan Baumgartner hat schon siebenmal die Quadrate auf seinem Schlafsack gezählt. Es sind dreihundertsiebenunddreißig. Er denkt an die Reise zum Denali zurück: von Deutschland mit dem Flugzeug über New York nach Alaska, vom Flughafen Anchorage mit dem Auto nach Fairbanks, von dort mit dem Helikopter zum Basislager … Und jetzt warten sie. Die Expedition kostet Geld, sehr viel Geld. Ein Jahr lang haben sie ihre Expedition vorbereitet. Jeden Tag hat Stefan trainiert. Seine Freunde haben das oft nicht verstanden. „Warum machst du das, du hast doch eine Familie?“, haben sie gefragt.

Und es stimmt auch. Alle drei haben zu Hause eine Familie. Auch ihre Familien müssen jetzt warten. Vielleicht ist das Wetter morgen besser, und sie können den Gipfel besteigen. Vielleicht bleibt das Wetter aber schlecht, und sie müssen wieder zurück nach Deutschland. Mit dem Helikopter zurück nach Fairbanks, mit dem Auto von Fairbanks zurück nach Anchorage, von Anchorage … Vielleicht nächstes Jahr … Sind es wirklich dreihundertsiebenunddreißig Quadrate?

A2 Im Basislager AB 1

a Lies und hör den Text. Warum müssen die Bergsteiger warten? 1/14

b Lies den Text noch einmal. Schreib die Antworten. Die Antworten stehen direkt im Text.

1 Wie ist das Wetter am Denali?
2 Warum wartet die Bergsteigergruppe am Denali?
3 Wie finden sie das Warten?
4 Was macht Stefan Baumgartner in seinem Zelt?
5 Wer wartet zu Hause auf Stefan, Christina und Benjamin?

1 Das Wetter …

c Findet Antworten auf die Fragen. Was meint ihr? Die Antworten stehen nicht direkt im Text.

1 Warum zählt Stefan Baumgartner die Quadrate auf seinem Schlafsack?
2 Was denken Stefan Baumgartners Freunde über die Expedition?
3 Was denken die Familien über die Expedition?
4 Was möchte Stefan Baumgartner nächstes Jahr machen?

Im Text steht „Das Warten und die Langeweile sind furchtbar.“ Ich denke, Stefan Baumgartner kann nichts tun – und er hat sehr viel Zeit.

d Ist die Expedition eine gute Idee? Was meint ihr? Diskutiert in der Klasse.

Ich finde, die Expedition ist eine/keine gute Idee.
Die Expedition ist interessant/toll/verrückt …
Den Denali besteigen, das ist …
Die Bergsteigergruppe muss …
Ihre Familien müssen … Sie können nicht …
Im Zelt warten, das ist doch …

B1 Das Wetter am Denali AB 2–3

a **Ergänze die Texte. Hör zu und vergleiche.** 1/15

Es ist **neblig**, sehr **windig**, **es schneit**, und **es sind minus 25 Grad Celsius**.

1 Das Wetter am Denali ist schon eine Woche lang schlecht. Es ist stark b ?, es ist ne ?, es sch ?, es ist sehr w ? und es sind ? G ? Celsius. Das heißt, es ist sehr k ?.

2 Das Wetter am Denali ist gut. Die S ? sch ?, es sind ? G ?, es ist nicht w ? und nicht n ?.

• Sonne
die Sonne scheint / es ist sonnig

• Schnee
es schneit

• Regen
es regnet

• Wolke
es ist bewölkt

• Nebel
es ist neblig

• Wind
es ist windig

es ist kalt / kühl / warm / heiß
es sind minus 45 Grad

kalt – kühl – warm – heiß

b **Beschreibt die Jahreszeiten am Denali. Wann ist eine Expedition möglich?**

DENALI	Frühling	Sommer	Herbst	Winter
Temperatur	-30 °C	-25 °C	-40 °C	-56 °C
Wind				
Sonne	☀ ☀	☀ ☀	☀	☀
Niederschläge	❄ ❄	❄	❄ ❄ ❄	❄ ❄ ❄
Tageslicht	14 Stunden	18 Stunden	12 Stunden	8 Stunden

Im Frühling sind ... Grad. Es ist ...

Es gibt wenig / viel / sehr viel Schnee.

B2 Reisewetter AB 4–5

a **Hör zu und ergänze die Wetterinformationen im Text. Beschreibe das Wetter in den acht Weltregionen. Ist gerade Frühling, Sommer, Herbst oder Winter?** 1/16

Flug 2213 nach Sydney. Das Wetter in Sydney ist ...

1 21 Grad, stark bewölkt, ...

REISEWETTER HEUTE		
Norwegen, Oslo	-14 Grad	Sonne
1 Australien, Sydney	? Grad	?
2 Russland, Nowosibirsk	? Grad	stark bewölkt, ?
3 Brasilien, Rio de Janeiro	? Grad	?, ?
4 Indien, Mumbai	? Grad	?
5 Kanada, Quebec	? Grad	?
USA, San Francisco	-5 Grad	Schnee
Südafrika, Kapstadt	35 Grad	Schnee

b **Welches Wetter magst du (nicht)? Ordne die Wörter von 1–6 wie im Beispiel. Erkläre deiner Partnerin / deinem Partner deine Reihenfolge.** S. 68

• Hitze: Es ist heiß.
• Kälte: Es ist kalt.

1 gefällt mir sehr gut
2
⋮
5
6 mag ich nicht

1 Schnee
2 Sonne und Hitze (35°C)
3 Nebel
4 Regen
5 Sonne und Kälte (-10°C)
6 Wind

Schnee und Kälte mag ich nicht. Im Winter bin ich oft erkältet.

erkältet

AB 6–7

C1 Extremes Wetter bei der Expedition: Die „Poseidon" am Kap Hoorn AB 8–15

a **Welches Bild passt? Ordne zu. Lies dann den Text. Warum ist das Kap Hoorn so gefährlich?**

A

1 Ganz im Süden von Südamerika: Kap Hoorn

2 Die Stürme am Kap Hoorn waren für die Segelschiffe im 18. und 19. Jahrhundert sehr gefährlich.

B

Ganz im Süden von Südamerika liegt Kap Hoorn. Der Westwind ist hier sehr stark. Auch gibt es immer wieder Eisberge. Das macht das Meer sehr, sehr gefährlich. Viele Segelschiffe sind vor dem Kap Hoorn untergegangen. Auch die „Poseidon" hatte im Jahr 1865 am Kap Hoorn Probleme. Das Logbuch erzählt ihre Geschichte.

b **Was ist passiert? Lies das Logbuch der „Poseidon" und ordne die Bilder 1–4 zu.**

1
• Rettungsboot

2
• Eisberg

3
• Mast

4

DATUM	NOTIZ	LOGBUCH *POSEIDON*	
16. Januar 1865	Abfahrt Argentinien	Wind = gut, Temperatur 15 Grad	
20. Januar 1865	Eisberg 100 Meter entfernt		?
30. Januar 1865	Sturm – 20 Grad Celsius	zwei Rettungsboote verloren	?
5. Februar 1865	5 Männer krank		?
23. Februar 1865	Hauptmast verloren	Wir können nicht weiter, wir müssen zurück.	?

c **Lies Alberts Brief und ergänze die fehlenden Wörter. Das Logbuch hilft dir.**

Liebste Johanna, Puerto Deseado, den 27. März 1865

wir sind wieder in Argentinien. Die Stürme am Kap Hoorn waren einfach zu stark. Am **1** ? sind wir von hier abgefahren. Alles hat zuerst gut ausgesehen: Der Wind und das Wetter waren ideal. Am 20. Januar haben wir einen **2** ? gesehen. Er war nur **3** ? Meter von unserem Schiff entfernt, doch wir haben aufgepasst. Zehn **4** ? später haben dann die wirklichen Probleme angefangen. Der **5** St ? war furchtbar. Gleich am ersten Tag haben wir zwei **6** ? verloren, und dann sind fünf **7** ? **8** ? geworden. Der Sturm hat nicht aufgehört. Dann haben wir auch noch den **9** Hauptmast ? en. Wir hatten keine Chance mehr und sind zurückgefahren. Gestern sind wir wieder hier in Argentinien angekommen. Endlich in Sicherheit! Wir **10** ? den Menschen hier unsere Geschichte erzählt, und alle meinen, wir hatten großes Glück.

In Liebe Dein Albert

Albert Hofmann, Schiffsarzt auf der „Poseidon"

1 16. Januar
2 ? ...

d **Ergänze die Sätze aus Alberts Brief.**

aussehen ★ zurückfahren ★ verlieren ★ anfangen ★ erzählen ★ aufpassen ★ ankommen ★ ~~abfahren~~ ★ aufhören

Weißt du's noch? S. 74
Perfekt und Präteritum

Partizip II

Trennbare Verben
ab fahren – ab ge fahren
auf hören – auf ge hört

Verben mit *ver-*, *er-*, *be-*, *ent-* (kein *-ge-*):
verlieren – verloren
erzählen – erzählt
besuchen – besucht
entschuldigen – entschuldigt

Verben auf *-ieren* (kein *-ge*)
trainieren – trainiert

1 *Am 16. Januar sind wir von hier* abgefahren.
2 *Alles hat zuerst gut* ?:
3 *... doch wir haben* ?.
4 *Zehn Tage später haben dann die Probleme* ?.
5 *Gleich am ersten Tag haben wir zwei Rettungsboote* ?.
6 *Der Sturm hat nicht* ?.
7 *Wir hatten keine Chance mehr und sind* ?.
8 *Gestern sind wir wieder hier in Puerto Deseado* ?.
9 *Wir haben den Menschen hier unsere Geschichte* ?.

e **Macht ein Fragespiel.**

- Was ist am 16. Januar passiert?
- Die „Poseidon" ist in Argentinien abgefahren.

- 20. Januar
- 30. Januar
- 5. Februar
- 23. Februar

C2 Tagebücher AB 16–17

a **Lies die Online-Tagebücher von Stefan Baumgartner und Christina Kaltner. Wie war der Tag? Erzähle.**

Stefan Baumgartner **hat** schon siebenmal die Quadrate auf seinem Schlafsack **gezählt**.

STEFAN BAUMGARTNER

13. Tag im Basislager

Ich zähle die Quadrate auf meinem Schlafsack.
Christina macht Tee, schon wieder!
Ich denke an die Vorbereitungen zurück.
Benjamin erzählt seine Mount Everest-Geschichten.
Immer dasselbe – ich höre nicht mehr zu.
Der Wind hört auf.
Christina räumt das Zelt auf, schon wieder!
Ich ziehe mich an und stehe auf.
Das Wetter sieht besser aus.

CHRISTINA KALTNER

Basislager, 13. Tag

Ich koche Tee. Stefan zählt schon wieder die Quadrate auf seinem Schlafsack. Warum zählt er so laut? Ich höre Benjamin zu, finde seine Everest-Geschichten interessant. Er erzählt sie immer neu. Ich räume dann das Zelt auf. Überall sind Stefans Sachen, seine Socken, sein Taschenmesser. Ich verstehe das nicht. Stefan kommt zurück.
Ich spreche mit ihm.

Stefan Baumgartner hat ... gezählt.

Christina Kaltner hat Tee gekocht.

• Taschenmesser

b **Hat es Streit gegeben? Warum (nicht)? Was meinst du?**

• Streit

D1 Verrückte Reisen

a **Lies die Anzeigen und ergänze die Tabelle.**

Reise	Dauer	Preis
Nordpol-Rundflug	elf Stunden	500 – 2.000 €
?	?	?

www.verrueckte-reisen.com

VERRÜCKTE REISEN

NORDPOL – •RUNDFLUG

Dauer: elf Stunden.
Inklusive Speisen, Getränke, Filme, Musik.
Preis: 500 – 2.000 €

•FLUG IN DEN WELTRAUM

Dauer: drei Tage.
Achtung: lange Wartelisten.
Preis: 50 Millionen €.

TITANIC – •EXKURSION

Eine Tauchfahrt mit dem U-Boot.
Dauer: acht Stunden.
Preis: 106.000 €.

•SCHIFFSREISE

Mit der „Queen Victoria" um die Welt.
Dauer: 106 Tage.
Preis 379.000 €.

MOUNT EVEREST – •EXPEDITION

Dauer: 71 Tage.
Preis: 49.000 €.

FORMEL-1 – •TESTFAHRT

Ein Tag auf dem Pannoniaring – 50 Kilometer in einem Formel-1-Rennwagen.
Preis: 1.450 €.

b **Macht ein Miniquiz. Was findet ihr billig? Was findet ihr teuer?**

- ○ Die Reise dauert … und sie kostet …
- ◆ Das ist der / die … Den / Die finde ich …

• Anzeige ≈ kurzer Text in der Zeitung oder im Internet, wenn man etwas sucht oder verkaufen will

D2 Die Reise im Kopf AB 18–19

a **Hör den Dialog. Welche Reisen aus D1a nennen Hannah und Florian?** 1/17

b **Hör noch einmal. Was ist richtig?** 1/17

1. Florian sucht im Internet ein Hotel für den Familienurlaub. ?
2. Das Hotel kostet 49.000 €. ?
3. Florian findet die Internetseite „Verrückte Reisen". ?
4. Florian und Hannah spielen Reisebüro. ?

c **Florian und Hannah spielen Reisebüro. Ergänze die Dialoge.**

- ○ Unser Sonderangebot: (6) (9) (3) Weltraum.
- ◆ Das meinst du nicht ernst? Ich habe Flugangst, und ich brauche frische Luft.

- ○ ? ? ? Welt.
- ◆ Nein danke, das Schiff ist zu klein.

- ○ Fünfzig Kilometer ? ? ? Pannoniaring, das klingt doch gut.
- ◆ Nein danke, der Wagen ist zu unbequem.

- ○ Vielleicht ? ? ? Titanic?
- ◆ Nein danke, das ist langweilig, und im Eismeer kann man nicht baden.

(1) um den ★
(2) • „Queen Victoria" ★
(3) ~~in den~~ ★
(4) • Formel-1-Rennwagen ★
(5) • U-Boot „Nautilus" ★
(6) ~~für~~ ★
(7) mit der ★
(8) mit dem ★
(9) ~~50 Millionen Euro~~ ★
(10) mit einem ★
(11) zur ★
(12) um die

d **Hör zu und vergleiche.** 1/18

E1 Verrückte Rennen und Rekorde AB 20–23

a Kannst du die Verkehrsmittel erraten? Ergänze die Schlagzeilen.

Mit der „Queen Victoria" in 106 Tagen um die Welt.

1 *Mit dem Fahrrad* in 10 Tagen durch Australien.

2 ? **in 18 Tagen von Paris nach Dakar.**

3 ? *ohne Pause um die Welt.*

4 ? mit 140 km/h durch die Stadt.

5 ? in 89 Tagen 8000 km von Amerika nach Asien.

6 ? **8800 Meter hoch zum Mount Everest.**

7 ? MIT 300 KM/H IN ZWEI STUNDEN VON PARIS NACH LYON.

zu Fuß • Motorrad • Ballon • Surfbrett

um + Akkusativ
durch + Akkusativ

b Hör zu und vergleiche. 1/19

c Macht Dialoge wie in D2c.

Fahren wir mit dem Mountainbike durch Australien?

Nein danke. ...

Das ist zu gefährlich / langweilig / unbequem ...
Da gibt es zu viele Schlangen / zu viel Schnee ...
... gefällt mir nicht.
Ich mag keinen / kein / keine ...
Ich kann nicht ...
Da ist es zu heiß / zu kalt ...
Da kann ich kein Gepäck mitnehmen.
Da muss ich zu viel einpacken.
Das habe ich schon gemacht, es war ...
Ich fahre lieber ...

Weißt du's noch? S. 75
Präpositionen

• Gepäck

einpacken

auspacken

E2 Ich bin noch nie ... AB 24–25

a Sammelt (verrückte) Reiseideen.

mit einem Hausboot fahren
im Winter in einem Zelt schlafen ...

b Ordnet eure Ideen in a.

Das möchte ich gern machen
mit einem Hausboot fahren

Das möchte ich nicht machen
im Winter in einem Zelt schlafen

c Sprecht über eure Reiseideen.

Ich bin noch nie mit einem Hausboot gefahren. Aber das möchte ich unbedingt ausprobieren. Das ist sicher lustig.

Ich habe noch nie im Winter in einem Zelt geschlafen. Das möchte ich auf keinen Fall machen. Im Winter ist es viel zu kalt.

1 Aktivitäten gegen die Langeweile

a **„Stefan zählt die Quadrate auf seinem Schlafsack." Probiert interessantere Aktivitäten gegen die Langeweile aus:**

Wie viele Beispiele könnt ihr in fünf Minuten finden?

1. Finde ein Wort, zum Beispiel *Brot*. Das Wort *Brot* endet mit dem Buchstaben **t**. Finde jetzt ein Wort mit **t**, zum Beispiel *Tier*. *Tier* endet mit **r**. Finde jetzt ein Wort mit **r** usw.
2. Wähle einen Buchstaben, z. B. **s**. Mach jetzt einen Satz ohne den Buchstaben **s**, z. B. *Ich kann heute nicht kommen.* Wie viele Sätze ohne **s** kannst du finden?
3. Wähle einen Satz aus dem Text in **A2** (Seite 17) aus, zum Beispiel **Stefan Baumgartner liegt in seinem Zelt und zählt die Quadrate auf seinem Schlafsack**. Mach mit jedem Wort einen neuen Satz, z. B. **Stefan** ist krank. Stefan Familienname ist **Baumgartner**. Der Denali **liegt** in Alaska. Stefans Familie lebt **in** Deutschland. usw.

b **Kennst du andere Sprachspiele? Sprich auch in deiner Muttersprache.**

usw. = und so weiter
z. B. = zum Beispiel

2 Nachrichten aus dem Urlaub

a **Florian ist mit seinen Eltern in Italien im Urlaub. Lies den Chat mit Hannah und finde die Antworten.**

1 Wie ist das Wetter? *Zuerst war ...*
2 Wo ist das Hotel?
3 Wo sind Florians Eltern?
4 Was macht Florian?

Florian

Liebe Hannah, wir sind vor zwei Tagen hier in Bibione angekommen. Leider war das Wetter bis jetzt schlecht. Es hat geregnet. Aber heute ist das Wetter wunderbar. Die Sonne scheint, und es ist wirklich warm.

Hannah

Und wie ist euer Hotel?

Super! Das Hotel „Angelo" liegt direkt am Meer. Aber es hat auch einen Swimmingpool. Meine Eltern sind gerade in die Stadt gegangen. Ich sitze hier am Swimmingpool und frühstücke. Später gehe ich dann zum Strand. Das Meer ist wunderschön!

Dann noch viel Spaß!

b **Du machst mit deinen Eltern Urlaub. Schreib wie Florian eine Nachricht an deine Freundin oder deinen Freund in Deutschland.**

	Liebe/r ...,
Wann bist du angekommen?	ich bin ... gut ... in ... angekommen.
Wie ist das Wetter?	Das Wetter ist ... Es ... Es sind ... Grad.
Wie ist das Hotel?	Das Hotel ist ...
Was hast du gestern / vor drei Tagen ... gemacht?	Gestern / vor drei Tagen habe / bin ich ...
Was machst du jeden Tag?	Ich ... (lesen / baden gehen ...)
	Liebe Grüße ...

AB 26–29

LL1 Fakten und Beispiele

a **Sieh die Fotos an. Lies und hör den Text. Welche Zeilen passen zu Bild A, welche zu Bild B? Ergänze.** 1/20

A

A Zeilen ?

„Schnelle Mode" oder Tracht?

Jedes Wochenende ins Einkaufszentrum, alle zwei Monate neue Klamotten. Jugendliche finden „Fast Fashion" oft toll. Sonderangebote und extrem billige T-Shirts, Hosen und Kleider haben die „schnelle Mode" möglich gemacht. Aber schnelle Mode geht auch schnell kaputt, und das ist schlecht für die Umwelt.

Es geht aber auch anders, denn viele Jugendliche finden traditionelle Kleidung cool: Trachten sind wieder in. Für viele Regionen in Deutschland, Österreich und der Schweiz gibt es eine typische, traditionelle Kleidung, die Tracht. Eine Tracht ist teurer als die „schnelle Mode" aus dem Internet, aber man kann sie länger tragen. Denn Trachten werden nicht alt, sie sind es eigentlich schon.

B

B Zeilen ?

b **Diskutiert in der Klasse.**

Welche Alternativen zu „schneller Mode" kennt ihr? (Secondhand-Läden, Bio-Kleidung, Fair Trade …)
Wie findet ihr diese Alternativen?

Bio-Kleidung ist teurer als …

Die Kleidung in Secondhand-Läden ist …

c **Lies den Anfang des Interviews. Warum trägt Maximilian manchmal Tracht?**

www.laptop-sz.at

LAPTOP – DEINE SCHÜLERZEITUNG

Rock gefällt mir besser

Laptop: Maximilian, du bist in einem Trachtenverein. Was macht ihr dort?
Maximilian: Wir üben verschiedene Volkstänze.
Laptop: Ihr tragt dann auch eine Tracht. Wie sieht eure Tracht denn aus?
Maximilian: …

Volkskulturfestival in Oberwang

d **Hör nun das ganze Interview mit Maximilian. Beantworte dann die Fragen.** 1/21

1 Was macht Maximilian im Trachtenverein?
2 Wie sieht Maximilians Tracht aus?
3 Wie finden die Mitschüler und Mitschülerinnen seine Tracht?
4 Welche Musik gefällt Maximilian?

e **Jeans oder Tracht, Rock oder Volksmusik? Alt oder Neu? Warum nicht beides? Warum nicht „Crossover"? Lies die Texte und finde weitere Beispiele für „Crossover".**

1 Volksmusik und Popmusik? Volkstanz und Rock? Einige Musiker finden „Crossover"-Musik interessant. Die Musik von Hubert von Goisern ist ein Beispiel für diesen Musikstil.

2 Auf dem Münchner Oktoberfest sind Trachten ein Muss. Manche Besucher sieht man aber auch in „Crossover"-Kleidung: T-Shirts und Lederhosen. Warum nicht?

LL2 Und jetzt du!

Musik ★ Kleidung ★ Möbel ★ Architektur ★ Medien ★ …

Macht Notizen zu den Fragen und diskutiert in der Klasse.

1 Welche Musik ist in eurer Klasse beliebt?
2 Welche Kleidung ist in?
3 Gibt es in eurem Heimatland eine traditionelle Kleidung? Wie sieht sie aus? Wer trägt sie wann?
4 Gibt es Volksmusik? Wem gefällt Volksmusik?
5 Wie wichtig ist für euch Tradition?

P1 Macht eine Umfrage.

a **Wählt ein Thema.** Geld verdienen – Geld ausgeben | Urlaubsgewohnheiten | Wetter | Langeweile | Kleider | …

b **Sammelt Fragen für die Umfrage. Macht dann einen Fragebogen mit fünf Fragen wie im Beispiel.**

Urlaubsgewohnheiten

1 Machst du mit deiner Familie Urlaub?
☐ ja ☐ nein

2 Wo warst du in deinem letzten Urlaub?
☐ im Ausland ☐ im Inland ☐ in ?

3 Wie bist du in den Urlaub gefahren?
Mit dem ☐ Auto ☐ Zug ☐ Flugzeug ☐ Fahrrad ☐ Bus

4 Wo hast du gewohnt?
im Hotel ☐ auf dem Campingplatz ☐ in einer Ferienwohnung
☐ bei Freunden oder Verwandten

5 Welche und wie viele Gepäckstücke hattest du?
☐ Koffer ☐ Rucksack ☐ Reisetasche ☐ Sonstiges

• Koffer

c **Jede Person in der Gruppe hat den Fragebogen. Fragt Schülerinnen und Schüler aus anderen Gruppen und notiert die Antworten.**

d **Schreibt kurze Berichte und zeichnet Grafiken und Diagramme. Macht ein Poster.**

P2 Präsentiert euer Poster.

Präsentiert euer Poster in der Klasse.
Jede Person in der Gruppe soll etwas sagen.

1 Präsentiert zuerst das Thema.

> Wir haben eine Umfrage zum Thema … gemacht. Das waren unsere Fragen: …

2 Präsentiert die Resultate.

> Acht Schüler in der Klasse haben gesagt, sie …

3 Was war interessant?

> Julio hat gesagt, er …
> Das war besonders interessant.

FILM

Schau den Film **Du siehst toll aus!** an und lös die Aufgaben auf Seite 71.

GRAMMATIK 13+14

FINDE DIE Sprechblasen-Sätze IN DEN LEKTIONEN 13 UND 14.

G1 Verb

a Konjugation *tragen* (Verben mit Vokalwechsel)

	tragen
ich	trage
du	**trägst**
er, es, sie, man	**trägt**
wir	tragen
ihr	tragt
sie, Sie	tragen

Welche Kleidungsstücke **trägst** du oft?

S. 10

b Partizip II (trennbare Verben)

Infinitiv	Partizip
an kommen	an ge kommen

Gestern **sind** wir wieder hier in Argentinien **angekommen**.

Der Sturm **hat** nicht **aufgehört**.

S. 19

c Partizip II (Verben mit *be-*, *ent-*, *er-*, *ver-*)

Infinitiv	Partizip (ohne *-ge-*)
bekommen	**be**kommen
besuchen	**be**sucht
entschuldigen	**ent**schuldigt
erzählen	**er**zählt
verlieren	**ver**loren

Gleich am ersten Tag **haben** wir zwei Rettungsboote **verloren**.

S. 19

d Partizip II (Verben auf *-ieren*)

Infinitiv	Partizip (ohne *-ge-*)
trainieren	trainiert

!
anfangen → an**ge**fangen
be-, ent-, er-, ver-, -ieren
→ ohne **-ge-**

e Konjunktiv II: höfliche Fragen / Bitten

Frage	
	Kann ich ... probieren?
🙂 freundlicher:	**Könnte** ich ... **probieren**?

Könnte ich die Hose eine Nummer kleiner **haben**?

S. 14

Bitte	
	Komm mit.
🙂 freundlicher:	**Würdest** du **mitkommen**?
	Könntest du **mitkommen**?

Würdest du **mitkommen**?

S. 14

G2 Artikel, Nomen und Präpositionen

***durch*, *um* + Akkusativ**

Mit dem Motorrad **durch die • Sahara**.
Mit der „Queen Viktoria" **um die • Welt**.

> Mit dem Fahrrad in 10 Tagen **durch** Australien.

S. 22

G3 Adjektiv

Komparativ

Majas Schuhe sind **billiger als** Klaras Stiefel.
Majas Schuhe sind **so cool wie** Klaras Stiefel.

S. 11, 12

> Zieh den Mantel an, der ist **wärmer als** die Jacke.

> Autos sind **so schnell wie** Züge.

billig – billig**er**

kurze Adjektive mit *a*, *o*, *u*: warm – w**ä**rm**er**, groß – gr**ö**ß**er**, kurz – k**ü**rz**er**
Adjektive auf *-el* und *-er*: dunkel – dun**kl**er, teuer – teu**r**er
Besondere Formen: hoch – **höher**, gut – **besser**, viel – **mehr**, gern – **lieber**

13+14 REDEMITTEL

über Taschengeld und Einkaufsgewohnheiten sprechen L13, S. 8, 10

- Wie viel Taschengeld bekommt Mia?
- Sie bekommt 30 Euro Taschengeld.
- Was macht sie mit dem Geld?
- Sie kauft coole Markenkleidung.

- Wo kaufst du gern ein?
- Kaufst du gern mit Freunden oder mit deinen Eltern ein?

Personen beschreiben L13, S. 10

- Die Person trägt einen Pullover, eine Hose und ein T-Shirt. Der Pullover ist blau, die Hose ist dunkelgrau und das T-Shirt ist gelb.

vergleichen L13, S. 11, 12

- Kauf doch die Schuhe, die sind billiger als die Stiefel.
- Ja, und sie sind so schön wie die Stiefel.

Kleidung einkaufen L13, S. 14

- Könnte ich die Hose probieren?
- Ja, natürlich, welche Größe?
- Größe 40.

- Passt die Hose?
- Sie ist zu groß. Könnte ich die Hose eine Nummer kleiner haben?
- Einen Moment.

höflich bitten L13, S. 14

- Könnte ich den Pullover auch in Schwarz haben?
- Ja, natürlich, einen Moment.

- Schau, dort ist ein Schuhgeschäft. Würdest du mitkommen?
- Nein, leider, ich habe keine Zeit.

Angaben zum Wetter machen L14, S. 18

- Wie ist das Wetter am Denali?
- Das Wetter ist schlecht. Es ist stark bewölkt, es ist neblig und es schneit. Es ist sehr windig und es sind –30 Grad Celsius. Das heißt, es ist sehr kalt.

Reiserouten beschreiben L14, S. 20

Am ... sind wir von hier abgefahren.
Zuerst ...
... Tage später ...
Gestern ...

über Verkehrsmittel und Reiseziele sprechen L14, S. 22

- Fahren wir mit dem Mountainbike durch Australien?
- Nein danke. Das ist zu gefährlich.

15

Lara und Pascal

Albert und Maria

Yvonne und Hannah

A1 Kennenlernen

a **Wie haben sich die Personen auf den Fotos 1–3 kennengelernt? Hör die Interviews und ordne zu.** 1/22

- (A) auf einem Schulfest
- (B) Briefe schreiben
- (C) auf einer Dating-Plattform
- (D) skypen
- (E) Anzeigen lesen
- (F) im Internet chatten

Pascal hat Lara auf einer Dating-Plattform kennengelernt.

b **Wo habt ihr wen kennengelernt? Sammelt Situationen und schreibt Sätze. Lest die Sätze dann vor.**

im Urlaub ★ bei einem Fußballspiel ★ im Einkaufszentrum ★ ...

Brieffreund / Brieffreundin ★ Freund / Freundin ★ Tennispartner / Tennispartnerin ★ ...

Ich habe meinen Brieffreund im Urlaub kennengelernt. Wir waren in Spanien am Meer und ...

Freunde sein ≠ Feinde sein

A2 Tobins Brief AB 1

a **Seht die Bilder (A) und (B) an und beantwortet die Fragen. Was meint ihr?**

1 Wie heißen die Elfen?
2 Wer hat die Nachricht geschrieben?
3 Warum ist die Elfe auf Bild (B) wütend?
4 Was steht in der Nachricht?

Die Elfe auf Bild A heißt ...

www.deine-story.de

• FANTASIA •

Du magst Fantasy? Hier ist Platz für deine Geschichten.

BRAUCHT LIEBE ZEIT?

Der Waldsee ist Sereias Lieblingsplatz. Die Blumen, die Bäume, die Steine: Das ist ihre Welt, die Welt der Waldelfen. Im Mondlicht tanzt sie über das dunkle Wasser und denkt an ihre Schwester Calandra. Auch Calandra liebt den See. Meistens sind sie zusammen hier. Doch heute hatte Calandra keine Zeit für den gemeinsamen Tanz. Sie war nervös. „Etwas stimmt nicht mit ihr!", denkt Sereia. Sie ist inzwischen auf der kleinen Insel im See gelandet. Dort sitzt sie jetzt auf Calandras Lieblingsstein. Unter dem Stein versteckt ihre Schwester oft persönliche Dinge. Auch diesmal liegt da etwas. Sereia hat ein schlechtes Gefühl, doch dann sieht sie nach.

„Das ist nicht möglich, das ist unglaublich!" Sereia hält einen Halbedelstein mit einer Nachricht in der Hand: „Ich denke immer an dich, jeden Tag, jede Stunde. Dein Tobin".

Tobin, was für ein seltsamer Name ... die Nachricht muss von einem Bergelfen sein, aber das sind doch ihre Feinde!?! Warum, das weiß man nicht genau. Vor vielen hundert Jahren hat es Krieg zwischen Berg- und Waldelfen gegeben, so erzählt man.

„Ich denke immer an dich, jeden Tag, jede Stunde. Dein Tobin". Sereia gefällt die Nachricht. Wie dieser Tobin wohl aussieht? Auch die Handschrift gefällt ihr: große Buchstaben, eine sehr energische Handschrift.

Ihren Eltern gefällt die Nachricht ganz sicher nicht. Ihnen gefällt der junge Batur. Sereia und Calandra haben Batur bei einem Elfenfest kennengelernt. Es war furchtbar. Das Essen und Trinken waren ihm wichtiger als Calandra, außerdem kann er überhaupt nicht tanzen. „Den heirate ich sicher nicht", hat Calandra danach gesagt. „Dein Vater war auch kein Tänzer", hat ihre Mutter gemeint, „das Tanzen ist nicht so wichtig. Liebe braucht einfach Zeit. Batur ist der richtige Mann für dich!" Batur schickt Nachrichten auf Blumenblättern, doch Calandra antwortet nicht.

Tobins Nachricht macht Sereia auch Angst. Da steht: „Warum warten wir so lange? Wir müssen weg von hier."

„Was machst du da mit meinem Stein, der gehört mir!" So wütend hat Sereia ihre Schwester noch nie gesehen. „Warum liest du das?" „Es ... es tut mir leid", mehr kann Sereia nicht sagen. Calandra hat den Stein genommen und ist schon wieder weg. „Ich verstehe dich doch so gut ...", möchte Sereia ihr nachrufen. Sie möchte ihr helfen, doch sie weiß nicht, wie.

• Mond

b **Lies und hör die Geschichte. Sind eure Vermutungen in a richtig?** 1/23

c **Lies noch einmal. Ergänze die richtigen Namen (drei Namen passen zweimal).**

1. (B) liest Calandras Briefe.
2. Calandras Elfen und (?)s Elfen sind Feinde.
3. (?) schreibt Calandra Liebesnachrichten.
4. Calandras Eltern finden, Calandra und (?) passen gut zusammen.
5. (?) gefällt Sereia und (?) nicht.
6. (?) meint: „Das Tanzen ist nicht so wichtig."
7. (?) will nicht bei ihrer Familie bleiben.
8. (?) kann ihrer Schwester nicht helfen.

(A) Calandra ★ (B) Sereia ★ (C) Calandras und Sereias Mutter ★ (D) Tobin ★ (E) Batur

d **Lies die Fragen, such die passenden Textstellen und schreib deine Antworten. Lest eure Antworten vor und sprecht in der Klasse.**

1 Warum gefällt Tobins Nachricht Calandras Eltern sicher nicht?

Waldelfen und Bergelfen sind ...
Calandras Eltern möchten ...

2 Eine Stelle in Tobins Nachricht macht Sereia Angst. Warum?

Tobin schreibt, ...
Sereia glaubt, Tobin und Calandra wollen ...

B1 Seit wann gibt es das Internet ...? AB 2

a **Was meint ihr? Ordnet die Kommunikationsmittel den Jahreszahlen zu.**

Ich glaube, seit 1990 telefoniert man mit Handys.

(1) E-Mails schicken ★ (2) im Internet surfen ★ (3) telefonieren ★ (4) mit Lichtsignalen kommunizieren ★ (5) ~~mit dem Handy telefonieren~~ ★ (6) skypen ★ (7) ein Fax schicken ★ (8) einen Brief schreiben ★ (9) eine SMS schicken

seit 1900 ≈ von 1900 bis heute

700.000 v. Chr.	3.000 v. Chr.	1918	1930	1990	1994	2003	heute
?	?	?	?	5 ? ?	?	?	

b **Hört zu und vergleicht.** 1/24

c **Verflixte Situationen. Welche Kommunikationsprobleme hast du jetzt wohl? Schreib Sätze. Finde auch noch weitere verflixte Situationen.**

Weißt du's noch? S. 74 Negation

1 Der Kugelschreiber schreibt nicht.
Ich kann keinen Brief schreiben, ich kann ...
2 Der Akku ist leer. ?
3 Ich habe keine Briefmarke. ?
4 Es ist neblig. ?
5 Der Computer ist kaputt. ?
6 Ich habe kein Geld. ?
7 Meine Brille ist weg. ?
8 ...

● Akku

● Brille

B2 Aussehen AB 3–5

a **Ordne das Gegenteil zu. Hör dann zu und vergleiche.** 1/25

Wie dieser Tobin wohl **aussieht**?

Attraktiv, dünn

(A) dick ★ (B) blond ★ (C) klein ★ (D) schwach ★ (E) unfreundlich ★ (F) unsympathisch ★ (G) dumm ★ (H) hässlich

1 attraktiv ↔ ?
2 dunkelhaarig ↔ ?
3 schlank, dünn ↔ ?
4 groß ↔ ?
5 stark ↔ ?
6 sympathisch ↔ ?
7 freundlich ↔ ?
8 intelligent ↔ ?

stark

b **Ähnlichkeiten. Elena und Pia vergleichen ihre Verwandten mit Yvonne und Hannah. Hör zu und ergänze die Sätze.** 1/26

Elena:
Meine Schwester ist genauso *schlank* und ? wie Yvonne, aber ihre Haare sind lockig. Ich glaube, meine Schwester ist auch ein bisschen *kleiner*. Sie ist ? als Yvonne, meine Schwester ist erst fünfzehn Jahre alt. Yvonne sieht ? aus. Sie ist vielleicht schon 18 oder 19.

lockig

Pia:
Meine Cousine trägt auch eine Zahnspange, und sie ist genauso ? und ungefähr so ? wie Hannah auf dem Foto. Aber ihre Haare sind ? und sie ist ein bisschen ?.

● Zahnspange

c **Such eine Person im Buch oder im Internet. Vergleiche sie mit einem Verwandten oder einer Freundin / einem Freund. Schreib und lies deine Beschreibung vor.**

Mein Onkel sieht so ähnlich aus wie der Mann auf Seite ...
Mein Onkel ist aber älter und auch größer. Er ...

der Verwandte / ein Verwandter = Onkel, Mutter, Großvater usw.

B3 Handschriften AB 6–10

a Was bedeuten die Charaktereigenschaften? Ordne die Definitionen zu. Hör zu und vergleiche. 1/27

Auch die **Handschrift** gefällt ihr: große Buchstaben, eine sehr energische Handschrift.

(1) ruhig ★ (2) ~~energisch~~ ★ (3) vorsichtig ★ (4) spontan ★ (5) optimistisch
(6) aktiv ★ (7) ~~ordentlich~~ ★ (8) diszipliniert ★ (9) realistisch ★ (10) kreativ

- (A) Man denkt nicht lange nach, man reagiert schnell und sofort. (?)
- (B) Man faulenzt nicht gern und ist voll Energie. (?) (2) (≠ passiv)
- (C) Man hat viele Ideen. (?)
- (D) Man sieht das Leben so, wie es ist. (?)
- (E) Man findet Regeln sehr wichtig. (?) (7)
- (F) Man mag keinen Stress. (?)
- (G) Man nimmt das Leben positiv. (?) (≠ pessimistisch, traurig, deprimiert)
- (H) Man mag kein Risiko. (?)

- Stress ≈ keine Freizeit, viele Termine

b „Tobins Handschrift ist sehr energisch." Was kann das bedeuten? Analysiere die Handschriften mithilfe der Übersicht.

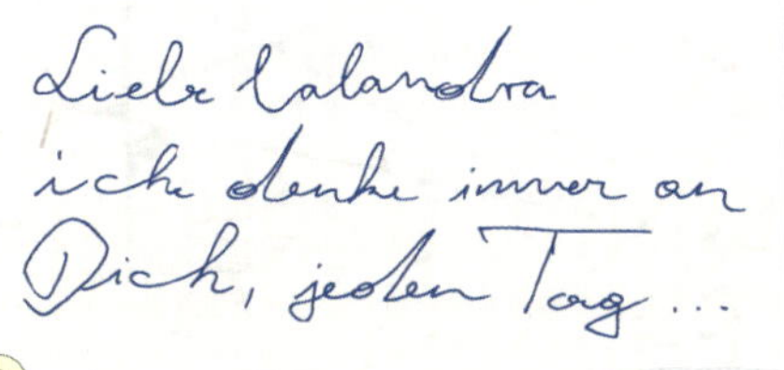

A

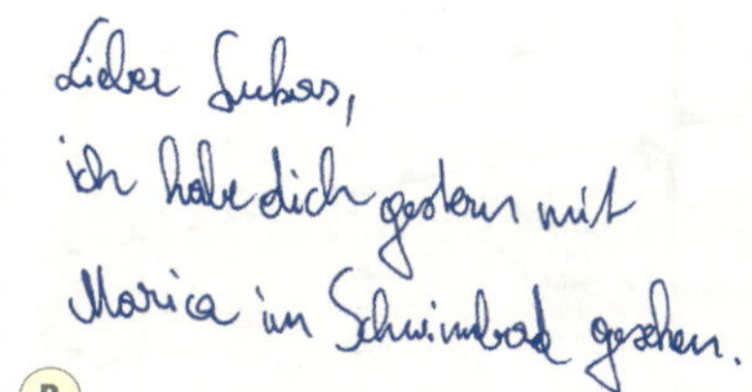

B

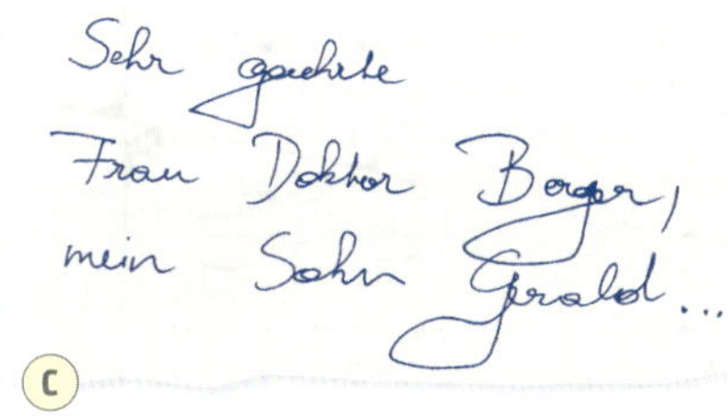

C

SCHRIFTMERKMALE UND CHARAKTEREIGENSCHAFTEN

- große Schrift: (1) aktiv
- kleine Schrift: passiv, realistisch
- weite Schrift: (2) energisch
- enge Schrift: vorsichtig
- hftb: (3) optimistisch
- gjy: realistisch, findet schnell Lösungen für Probleme, gut in Mathematik
- links schräg: (4) vorsichtig
- rechts schräg: energisch, findet viele Dinge interessant
- gerade: diszipliniert
- da ist viel Platz: (5) will Kontrolle
- da ist wenig Platz: will Kontakt
- nach oben: (6) optimistisch
- nach unten: pessimistisch, traurig
- Man kann die Schrift gut lesen.: (7) ordentlich, diszipliniert, möchte gut kommunizieren
- Man kann die Schrift schlecht lesen: kreativ, spontan, findet Gefühle sehr wichtig

c Schreibt die Zeilen 1–7 von „Braucht Liebe Zeit?" in A2b ab. Tauscht eure Texte in der Gruppe. Analysiert die Handschriften mit den Informationen aus b.

d Diskutiert eure Ergebnisse. Sprecht auch in eurer Muttersprache.

1. Gibt es „richtige" Ergebnisse?
2. Gibt es „falsche" Ergebnisse?
3. Können Handschriften Charaktereigenschaften zeigen? Was meint ihr?

C1 Inions und Uxilios Elfenfest

a **Was meinst du? Wer ist *sie*, *ihn*, *ihr* ...? Finde in der Zeichnung die richtigen Namen zu den Pronomen.**

Ihnen gefällt der junge Batur

hübsch ≈ schön

Ariana: Haben Inion und Uxilio (1) **ihn** nicht eingeladen?
Mandrian: Doch, sie haben (2) **sie** beide eingeladen, schau, dort drüben sind sie.
Ariana: Ach ja. ... Das rosa Kleid passt (3) **ihr** aber überhaupt nicht.
Mandrian: Ich finde es hübsch.
Ariana: (4) **Mir** gefällt es nicht.

Kimama: Ich habe gehört, Sie haben Inion und Uxilio bei den Vorbereitungen geholfen, König Rinal.
Rinal: Ja, sie haben (5) **mich** gefragt, und ich habe (6) **ihnen** geholfen.
Kimama: Man kann (7) **Ihnen** wirklich nur gratulieren, das Fest ist wunderbar.
Rinal: Ja, jetzt sind die Vorbereitungen vorbei. Jetzt geht es (8) **uns** besser.
Kimama: Und der Elfencocktail schmeckt (9) **ihnen** auch.
Rinal: Ja, (10) **mir** auch.

(1) = Rinal (2) = [?]

Weißt du's noch? S. 75
Pronomen

b **Hör zu und vergleiche** 1/28

c **Akkusativ oder Dativ? Ordne die Pronomen aus C1a in die Tabelle ein.**

einladen, finden, fragen ... + Akkusativ	passen, gefallen, helfen, ... + Dativ
1 ihn, [?]	[?]
Wen Person ...? Was Sache ...?	Wem Person ...?

Verben mit Akkusativ (die meisten Verben)

Ich **frage** **den Lehrer**. Ich **frage** **ihn**.

Verben mit Dativ (nur wenige Verben)

Das Kleid **passt** **meiner Schwester**. Das Kleid **passt** **ihr**.

Verben mit Akkusativ und Dativ

Ich **gebe** **ihm** **das Buch**.

d **Du verstehst nicht, wer gemeint ist. Schreib Fragen zu den Pronomen.** S. 68

Haben Inion und Uxilio **ihn** nicht eingeladen?

Wen haben sie nicht eingeladen?

C2 Nach der Hochzeit AB 11–14

a **Seht euch die Namen gut an. Deckt dann die Namen ab, fragt und antwortet.**

- ○ Wir haben eine Geldbörse gefunden. Gehört sie dir?
- ◆ Nein, die gehört mir nicht. Ich glaube, die gehört Maja. Ja, genau, die gehört ihr.

Der gehört mir.

gehören + Dativ

Maja

Finn

Elias und Paul

Moritz

Emily

b **Fragespiel. Sammelt Gegenstände in der Klasse. Wem gehört was?**

- ○ Markus, gehört das dir?
- ◆ Nein, das gehört nicht mir, ich glaube, das gehört Eva.
- ○ Eva, gehört das dir?

D1 Was soll ich tun? AB 15–16

a **Hör die Dialoge. Welche zwei Fotos passen? Ordne zu.** 1/29

Dialog 1: (?)
Dialog 2: (?)

A 

B 

C 

D 

b **Hör noch einmal. Ordne die Dialogteile.** 1/29

1 Das möchte ich auch, aber ...
2 Du magst Lea, oder? Mag sie dich auch?
3 Lad sie doch ein.
4 Ich bin nicht sicher. Was soll ich tun?
5 Schon gut, ich verstehe.
6 Das geht leider nicht, Marvin.
7 Heute kann ich nicht, aber vielleicht morgen?
8 Marvin, sie ist ein Mädchen, kein Monster!
9 Du, Lea, gehen wir heute ins Kino?
10 Sie sagt vielleicht Nein, das ist peinlich.

Dialog 1: (2) (?)
Dialog 2: (?)

peinlich ≈ eine dumme Situation

• Monster

c **Lies und ergänze die Dialoge. Welche Fotos aus D1a passen zu den Situationen? Hör zu und vergleiche.** 1/30

musst ★ muss ★ kann ★ musst ★ kann

Dialog 3: (?)
Dialog 4: (?)

Dialog 3:
Clara: Kommst du heute Abend zu mir? Ich verstehe die Mathematik-Hausaufgabe nicht.
Lea: Tut mir leid, ich (?) nicht. Ich bin mit Marvin verabredet. Wir gehen ins Kino.
Clara: Ach Lea, nein ... Du (?) kommen ...
Lea: Clara, er hat mich gestern gefragt und ich habe Ja gesagt. Was soll ich tun?

verabredet sein ≈ einen Termin mit einer Person haben

Dialog 4:
Mutter: Lea, ich bin heute Abend weg. Papa hat keinen Schlüssel. Du bist aber zu Hause, ja?
Lea: Nein, Mama, ich bin verabredet. Ich gehe ins Kino.
Mutter: Das geht nicht, du (?) zu Hause bleiben.
Lea: Aber ich (?) nicht zu Hause bleiben, ich (?) mit Marvin ins Kino gehen. Er hat mich gestern gefragt und ich habe Ja gesagt. Was soll ich denn jetzt tun?

Weißt du's noch? S. 74
Modalverben

d **Welche zwei Probleme hat Lea? Ergänze die Sätze.**

Problem 1:
Clara sagt: „Du musst ..." Aber Lea will ...

Problem 2:
Leas Mutter sagt: „Du musst ..." Aber Lea will ...

E1 Optionen AB 17–18

Das geht nicht, du **musst** zu Hause **bleiben**.

a **Was kann Lea tun? Was passt für Problem 1, was passt für Problem 2 in D1d? Finde weitere Möglichkeiten.**

Marvin anrufen ★ zu Hause bleiben ★ zu Clara gehen ★ ins Kino gehen ★ den Schlüssel der Nachbarin geben ★ Clara ihre Hausaufgabe geben ★ ...

Lea kann ...

Sie **kann** Marvin **anrufen**. = Das ist möglich.

Problem 1: ? Problem 2: ?

b **Was soll Lea tun? Was denkst du?**

Was **soll** ich denn jetzt **tun**?

Ich denke, sie soll ...

	sollen	
ich	soll	Sie soll Marvin anrufen.
du	sollst	≈ Eine Person denkt,
er/es/sie/man	soll	das ist gut für Lea.
wir	sollen	
ihr	sollt	
sie/Sie	sollen	

E2 Entscheidungen AB 19–20

a **Sammelt alltägliche Entscheidungen und macht Notizen.**

aufstehen oder im Bett bleiben?
Kakao oder Milch?
Hemd/Bluse oder T-Shirt?
Straßenbahn oder Bus?

• Straßenbahn

Hamburger oder Salat?
zu spät kommen oder ...?
zuhören oder ...?
Nachricht schreiben oder ...?

b **Schreibt einen Text mit den Ideen aus E2a.**

Soll ich aufstehen oder im Bett bleiben?
...

Soll ich ein Computerspiel spielen oder skypen?
Soll ich Mia eine Nachricht schreiben oder anrufen?
Soll ich fernsehen oder ins Kino gehen?
Soll ich Musik hören oder wieder einmal ein Buch lesen?
So viele Entscheidungen, ich glaube, ich werde noch verrückt.

E3 Argumente für Entscheidungen AB 21–22

a **Hör zu. Was mögen die Personen *gern, lieber, am liebsten*? Ergänze.** 1/31

Dialog 1
Dokumentationen ☺, Serien ?, Krimis ?

Dialog 2
Salat ?, Steak ?, Fisch ?

gern ☺ lieber ☺☺ am liebsten ☺☺☺

b **Wie entscheiden sich die Personen? Was will Sandra sehen, was will Miriam essen? Schreib Sätze.**

Sandra ..., Miriam ...

c **Kettenübung. Was magst du am liebsten?**

Getränke: Kakao, Milch, Mineralwasser, Saft ...
Speisen: Pizza, Spaghetti, Fisch, Pommes frites, Hamburger, Bratwurst ...
Schulfächer: Mathematik, Biologie, Deutsch, Sport ...
Fernsehen: Krimis, Serien, Unterhaltungssendungen, Dokumentationen ...
Urlaub: am Meer, in den Bergen, zu Hause ...
Musik: Jazz, Klassik, Pop, Rock, Hip-Hop ...
Sport: Tennis, Basketball, Fußball ...

Ich trinke am liebsten Kakao zum Frühstück, und du, Manuel?

Ich trinke am liebsten Tee. Ich sehe ...

AB 23–24

1 „Der richtige Typ für mich“

a Finde das Gegenteil und schreib Sätze. Finde weitere Gegensatzpaare.

das Kleid ★ schlecht ★ Tee ★
Kaffee ★ schnell ★ die Hose ★
kalt ★ gut ★ hell ★ …

Mir gefällt *die Nacht*.	Ihr gefällt *der Tag*.
Mir ist *heiß*.	Ihr ist [?].
Mir ist es zu *dunkel*.	Ihr ist es zu [?].
Mir geht es zu *langsam*.	Ihr geht es zu [?].
Mir schmeckt [?].	Ihr schmeckt [?].
Mir passt [?].	[?].
Mir geht es [?]. …	[?]. …

b Hör das Lied. Ergänze die Pronomen und einige Wörter aus 1a. 1/32

Der richtige Typ für mich

Er: Sie mag Schwarz. Ich mag Weiß.
Ihr ist kalt. Mir ist **1** [?].
Sie mag Regen. Ich mag Schnee.
2 [?] schmeckt Kaffee. Mir schmeckt **3** [?].
Wir sind so verschieden,
Sie ist nicht so wie ICH!
Sie ist einfach nicht der richtige Typ für mich.

Sie: Er mag den Tag. Ich mag die Nacht.
Er mag die Sieben. Ich mag die Acht.
Ihm ist's zu dunkel. **4** [?] ist's zu **5** [?].
6 [?] geht's zu **7** [?]. Mir geht's zu schnell.
Warum ist er so anders?
Warum nicht so wie ICH?
Er ist einfach nicht der richtige Typ für mich.

Er: Hey! Dir passt das T-Shirt genauso toll wie mir.
Sie: Hey! Dir steht der Ohrring genauso gut wie mir.
Er: Wow, das ist 'ne Farbe! Sie gefällt uns beiden sehr …
Sie: Wow, der Rock passt super. Er gefällt **8** [?] noch viel mehr …
Beide: Du bist nicht so anders, Du bist genau wie ICH!
Du bist ganz genau der richtige Typ für mich!

2 Kennenlernen im Internet

Du möchtest für deine deutschen Freunde dein Internetprofil ergänzen. Wähl drei oder vier Themen aus und schreib kurze Texte über dich.

FREUNDE

ÜBER MICH
Hey, einige von euch haben geschrieben, ich soll etwas von mir erzählen.
Hier ein paar Infos zu meiner Person: …

Meine Familie
Ich habe … Mein/Meine … heißt … und ist … alt.

Meine Hobbys
Ich … gern … Am liebsten … ich …

Meine Lieblingsmusik
Ich höre gern … Meine Lieblingsband ist …

Meine Heimatstadt
Ich wohne in … Die Stadt ist … Es gibt …

Das Wetter in meinem Heimatland
Im Winter ist es …

Meine Wohnung
Wir haben … Es gibt …

Urlaub und Ferien
Wir fahren/fliegen im Sommer nach …

Schule und Lieblingsgegenstände
Ich mag … Ich bin gut in …

Ein Problem mit einem Freund
Ich hatte … Ich war …

Kleidung
Ich trage gern … Ich habe … gekauft.

Meine Fernsehgewohnheiten
Ich sehe gern …

AB 25–27

ROSI ROT & WOLFI

16

DAS IST DOCH VERRÜCKT!

Manche Menschen tun verrückte Dinge für das „Guinness Buch der Rekorde".

(1) Lange Haare sind vielleicht schön, aber sind sie auch praktisch? Xie Qiupings Haare sind 5,70 Meter lang. Sie war seit 1973 nicht mehr beim Friseur. Das ist Weltrekord bei den Frauen. Tran Van Hays Haare waren aber noch viel länger. Sie waren 6,20 Meter lang. Der Mann aus Vietnam lebt heute leider nicht mehr. Doch seinen Weltrekord gibt es immer noch. (?)

(2) Ein Rockkonzert dauert circa 5 Stunden. Danach können Sänger und Fans oft nicht mehr singen. Der indische Sänger Thomas Vijayan hat 72 Stunden ohne Pause gesungen. Das war lang genug für das „Guinness Buch der Rekorde". (?)

(3) Eine Boeing 747 wiegt so viel wie 150 Autos: 187 Tonnen. Der Australier David Huxley kann eine Boeing 91 Meter weit ziehen. Das hat er am Flughafen in Sydney gezeigt. Das Geld für seinen Weltrekord hat er für arme Kinder gespendet. (?)

(4) Für die kleinste Zeitung der Welt braucht man gute Augen und kleine Hände: Die „Terra Nostra" in Portugal war einen Tag lang nur 2,5 x 1,8 cm groß. Eine Spendenaktion hat diesen Guinness-Rekord möglich gemacht. (?)

(5) Gesunde Zähne sind wichtig! Marianne Kalb aus der Schweiz hält den Weltrekord im Zähneputzen. Ziemlich genau 14 Stunden lang hat sie ohne Pause ihre Zähne geputzt – natürlich mit einer Spezial-Zahncreme. (?)

B

A1 Verrückte Rekorde AB 1

a **Ordne die Wortgruppen den Fotos zu. Welche Wörter kannst du auf den Fotos zeigen?**

(1) praktisch, • Haare, • Friseur ★ (2) singen, • Sänger, • Rockkonzert ★
(3) wiegen, • Tonne (= 1000 kg), ziehen ★ (4) • Zähne, • Zahncreme, putzen ★
(5) klein, lesen, • Zeitung ★ (6) verrückt, Dinge tun, • Rekord

b **Lies und hör die Texte. Ordne die Fotos zu.** 1/33

A2 Das ist Weltrekord.

a **Lies die Texte noch einmal. Ordne zu und ergänze.**

1 Tran Van Hays Haare ...
2 Thomas Vijayan aus Indien ...
3 David Huxley aus Australien ...
4 Die Zeitung „Terra Nostra" aus Portugal ...
5 Marianne Kalb aus der Schweiz ...

(A) kann eine Boeing 747 [?] weit ziehen.
(B) hat [?] lang ihre Zähne geputzt.
(C) waren [?] lang.
(D) hat [?] ohne Pause gesungen.
(E) ist nur [?] groß.

b **Ein Text ist falsch. Welcher? Warum? Diskutiert in der Klasse.**

○ Ich denke, Text 2 ist falsch. Zweiundsiebzig Stunden lang singen, das ist unmöglich.
○ ... Das gibt es nicht.
○ ... Ich glaube das nicht.

◆ Warum nicht? Ein Popkonzert dauert auch sehr lang.
◆ Doch, ich glaube, das ist möglich.
◆ Du hast recht, das ist wahrscheinlich falsch.

Lösung: Seite 76

B1 Wie schnell, wie hoch, wie schwer …? AB 2–3

Eine Boeing 747 **wiegt** so viel wie 150 Autos: **187 Tonnen**.

a **Ordne zu. Hör zu, wiederhole und vergleiche.** 1/34

• Stunde ★ • Kubikzentimeter ★ • Grad ★ • Minute ★ • Kilometer ★
• Stundenkilometer ★ • Tonne ★ • Zentimeter ★ • Liter ★ • Gramm ★
• Sekunde ★ • Quadratzentimeter ★ • Meter ★ • Kilo(gramm)

1 m ?	3 cm^2 ?	5 km ?	7 h ?	9 " (s) ?	11 g ?	13 t ?
2 cm ?	4 cm^3 ?	6 km/h ?	8 ' (min) ?	10 l ?	12 kg ?	14 ° ?

b **Ordne die Wörter aus B1a.**

Länge, Breite, Höhe	*Meter, Zentimeter,* ?	Zeit, Geschwindigkeit	? ? ? ?
Fläche	?	Gewicht	? ? ?
Raum	*Liter,* ?	Temperatur	?

c **Welche Antwort passt? Was meinst du? Hör zu und vergleiche.** 1/35

(A) 370 km/h ★ (B) 5 Tonnen ★ (C) 180 kg ★ (D) 3x20 Minuten ohne Pause ★
(E) 324 km^2 ★ (F) 12 m^3 ★ (G) 75x45 Meter ★ (H) 586 km

1 Wie viel wiegt ein Sumoringer? ?
2 Wie schnell fährt ein Formel-1-Rennwagen? ?
3 Wie lange dauert ein Eishockeyspiel? ?
4 Wie schwer ist eine Lokomotive? ?
5 Wie lang und wie breit ist ein Fußballfeld? ?
6 Wie weit ist es von München nach Berlin? ?
7 Wie groß ist Liechtenstein? ?
8 Wie viel Sauerstoff (O_2) brauchen wir in einer Stunde? ?

d **Welche Kategorien aus B1b passen zu den Fragen?**

1 Gewicht 2 ? …

e **Macht ein Quiz. Schreibt Fragen zu den Informationen in A1b.**

- Wie lang sind Xie Qiupings Haare?
- Sechs Meter zwanzig.
- Falsch. Xie Qiupings Haare sind fünf Meter siebzig lang.
- Wie schwer ist eine Boeing 747?

Wie lang sind …?

SPORT

B2 Noch mehr Rekorde AB 4

a **Ergänzt die Sätze und findet Antworten. Was meint ihr?**

(A) fast ★ (B) weniger ★ (C) 25 Millionen ★ (D) 1.825 Meter ★ (E) 4.478 Meter ★
(F) höher ★ (G) 72 km/h ★ (H) schnell ★ (I) ~~6.000 Kilo~~ ★ (J) länger

1 Ein Mensch isst in seinem Leben (I) Obst. Er isst aber viel ? Gemüse. Wie viel wohl?
2 In Spanien gibt es ? Autos. In Deutschland gibt es ? doppelt so viele. Wie viele?
3 Das Matterhorn in der Schweiz ist ? hoch. Der Mont Blanc in Frankreich ist ?. Wie hoch wohl?
4 Die Brooklyn Brücke in New York ist ? lang. Die Golden Gate Brücke in San Francisco ist ?. Wie lang wohl?
5 Ein Hase kann ? schnell laufen. Ein Gepard läuft doppelt so ?. Wie schnell genau?

doppelt so schnell = 2x so schnell

b **Hört die Lösung und vergleicht.** 1/36

B3 Wie viel genau? AB 5–6

a **Was passt? Ordne zu.**

Das ist ziemlich teuer. ◯

Ziemlich genau 14 Stunden lang hat sie ohne Pause ihre Zähne geputzt.

1	Das ist nicht so teuer.	D
2	Das ist viel zu teuer.	?
3	Das kostet nichts.	?
4	Das kostet circa 12 Euro.	?

A Es kostet 11,90 € oder 12,10 €.

C Nur heute: Luftballons gratis!

B Das ist nichts für mich, das kaufe ich nicht. ◯

D Vielleicht kaufe ich es. ◯

5	Das ist ziemlich teuer.	?
6	Das kostet nur die Hälfte.	?
7	Das kostet fast 9 Euro.	?
8	Das kostet ein paar Euro.	?

E 

G Es ist teuer, aber nicht sehr teuer. ◯

F 

H 

9	Das ist 30 Prozent billiger.	?
10	Das kostet nur ein Viertel.	?
11	Das kostet ein bisschen mehr, als ich habe.	?
12	Das kostet wenig.	?

I 

K Ich habe 7,80 €, aber es kostet 9 €. ◯

J Das kostet nicht viel. ◯

L 

b **Macht ein Zahlenquiz. Schreibt Rätselfragen für eure Partnerin / euren Partner.**

Familie ★ Wohnung ★ Haustiere ★ ...

1 Mein Vater ist 38 Jahre alt. Meine Mutter ist ein bisschen jünger. Wie alt ist meine Mutter?
2 Ich bin 1,62 Meter groß, mein Vater ist viel größer. Wie groß ist er?
...

... war ziemlich teuer / 20 % billiger ...
... hat die Hälfte / ein Viertel gekostet ...
... viel größer / älter ...
... ein bisschen größer / kleiner / älter ...
... ein paar Jahre älter / jünger ...
... 20 % weniger / mehr ...

C1 Superlative AB 7–8

a Ergänze die Tabelle. Hör zu und vergleiche. 1/37

Superlativ

Es gibt viele kleine Zeitungen.
Die „Terra Nostra" ist **am kleinsten**.
Sie ist **die** klein**ste** Zeitung der Welt.
• **der** klein**ste** Mensch / • **das** klein**ste** Land /
• **die** klein**ste** Stadt / • **die** klein**sten** Länder

	Komparativ	Superlativ
lang	?	am längsten
alt	?	am ältesten
gut	?	am besten
viel	?	am meisten
gern	?	am liebsten

Für **die kleinste** Zeitung der Welt braucht man gute Augen.

b Rekorde. Ergänze die Superlative. Welche drei Informationen stimmen nicht? Was meinst du?

1 Das *(schwer)* schwerste Tier ist der Wal. Er wird bis zu 200 Tonnen schwer.
2 Der Kontinent mit den *(viel)* ? Sprachen ist Asien. Dort spricht man mehr als 800 verschiedene Sprachen.
3 Kleine Länder gibt es viele. Der Vatikan ist am *(klein)* ?. Er ist nur 0,45 km² groß.
4 Der *(groß)* ? Ozean ist der Pazifik. Er ist größer als Asien, Afrika und Nordamerika zusammen.
5 Die *(viele)* ? Menschen sprechen Englisch als Muttersprache. Es sind 450 Millionen.
6 Das Faultier und die Schildkröte sind nicht die schnellsten Tiere, aber am *(langsam)* ? ist die Schnecke.

• Schnecke

c Hör zu und korrigiere die drei falschen Rekorde in C1b. 1/38

Das langsamste Tier ist nicht die Schnecke.
Das Faultier ist ? als die Schnecke.

C2 Favoriten AB 9

a Hör zu und ergänze die Dialoge. 1/39

1
○ Wo gibt es das ? Eis in der Stadt?
◆ Ich weiß nicht. Ich denke, die Eisdiele am Bahnhof hat das ? Eis. Es ist aber ? als bei der Eisdiele in der Stadt.

2
○ Welcher Schauspieler gefällt dir ?, Melina?
◆ Tye Sheridan sieht ? aus. Aber Tom Holland finde ich ?.

3
○ Was ist dein Lieblingssport, Sonja?
◆ Volleyball mag ich ?. Fußball mag ich nicht so gern, Fußball finde ich viel ? als Volleyball.

am tollsten ★ langweiliger ★ teurer ★ am besten ★ beste ★ beste ★ am liebsten ★ am besten

b Macht Dialoge wie in C2a. S. 69

◆ Welchen/Welches/Welche ... findest du am ...?
◆ Wo gibt es den/das/die ...?
◆ Was ist der/das/die ...?
◆ Wer ist der/das/die ...?

Sportart ★ Film ★ Schulfach ★ Platz in der Stadt ★ Geschäft in der Stadt ★ Text in deinem Deutschbuch ★ Fernsehsendung ★ Stadt ★ Verkehrsmittel ★ Urlaubsort ★ ...

langweilig ★ interessant ★ ruhig ★ gefährlich ★ groß ★ toll ★ praktisch ★ gemütlich ★ klein ★ verrückt ★ schnell ★ teuer ★ billig ★ schwierig ★ schön ★ einfach ★ lang

D1 Dieses „Märchen" darfst du nicht glauben! AB 10–12

- Märchen ≈ *hier:* Geschichte, nicht real

a **Welches Thema passt zu welchem Foto? Ordne zu.**

Ⓐ Haustiere ★ Ⓑ Sport ★ Ⓒ Mopedreparatur ★

1

2

3

b **Welche Wörter passen zu Thema A, B und C? Was meinst du?**

1 Kraulschwimmen (?)

2 Meerschweinchen (?)

3 Die Meisterschaft gewinnen (?)
4 Techniker (?)
5 reparieren (?)

6 brustschwimmen (?)
7 Pferd (?)

8 Batterien wechseln (?)

9 rückenschwimmen (?)
10 ein Hund macht Saltos (?)

11 Rettungsschwimmen (?)

12 Haustierallergie (?)

c **Jan, Leonie und Charlotte erzählen „Märchen". Wer erzählt was?**
Hör die Dialoge und ergänze. 1/40

1 Ich war der Schnellste über 200 Meter Kraul, 200 Meter Rücken und 100 Meter Kraul.
2 Mein Vater hat ein Pferd gekauft.
3 Mein Vater war der Schnellste über 100 Meter Brust.
4 Meine Meerschweinchen können Rad fahren.
5 Mein Bruder ist der beste Techniker in der Familie.
6 Mein Hund kann Saltos machen.
7 Mein Vater hat bei Schwimmmeisterschaften gewonnen.
8 Mein Bruder kann alles reparieren.

Dialog 1: Jan: (1) (?)
Dialog 2: Leonie: (?)
Dialog 3: Charlotte: (?)

der schnellste ~~Schwimmer~~
→ der Schnellste

d **Hör noch einmal. Warum stimmen die Geschichten nicht?** 1/40

1 Jan: (?) Jans Vater war Rettungsschwimmer.
(?) Jans Vater ist zu langsam geschwommen.

2 Leonie: (?) Leonies Bruder hat ihr Moped repariert.
(?) Leonies Bruder sagt, er kann keine Mopeds reparieren.

3 Charlotte: (?) Charlotte hat eine Haustierallergie.
(?) Hunde können keine Saltos machen.

Ich denke, manche Menschen wollen einfach ...

e **Warum erzählt jemand Lügengeschichten? Was meinst du?**

Ich glaube, viele wollen ...

interessant / wichtig sein wollen ★ viele Ideen haben ★
ein bisschen verrückt sein ★ gute Geschichten erzählen wollen ★
viele Wünsche haben ★ ...

- Lüge ≈ Geschichte, nicht wahr

E1 Lügengeschichten AB 13-14

a Welche Märchen erzählen Jan, Leonie und Charlotte? Schreib Sätze.

Charlotte sagt, **dass** ihr Hund Saltos **macht.**

1 Hund – Saltos machen
2 Bruder – der beste Techniker in der Familie sein
3 Vater – bei Schwimmmeisterschaften gewonnen haben

1 Charlotte sagt, dass ihr Hund ...

b Welche Märchen erzählt Nico? Schreib seine Lügengeschichten auf.

Nebensatz mit dass

Charlotte: „Mein Hund **macht** Saltos."

Charlotte sagt, **dass** ihr Hund Saltos **macht**.

Mutter – vier Musikinstrumente spielen
Bruder – Ferrari haben
Freund – bei den Judo-Weltmeisterschaften mitmachen
Schwester – bei einer Fernsehshow gewinnen
Nico – nur Markenkleidung kaufen
Großeltern – Haus in Asien haben
Onkel – in Hollywood arbeiten und viele Filmstars kennen

Nico sagt, dass seine Mutter vier Musikinstrumente spielt. ...

E2 In Wirklichkeit ... AB 15-16

a Was ist wohl die Wahrheit? Findet wahre Sätze zu Nicos Lügengeschichten in E1b.

In Wirklichkeit spielt seine Mutter nur ein bisschen Klavier. ...

b Macht Dialoge mit den Sätzen aus E1a und E1b.

○ Nico hat gesagt, dass ...
◆ Diesen Unsinn / Dieses Märchen / Diese Geschichte darfst du nicht glauben. In Wirklichkeit ...

Diese Geschichte stimmt sicher nicht.

dieser ● Unsinn	der
(Akk. diesen Unsinn)	(Akk. den)
dieses ● Märchen	das
diese ● Geschichte	die
diese ● Geschichten	die

E3 Falsche Geschichten entdecken AB 17

a Findet Fragen für Nicos Geschichten und die Geschichten aus den Hörtexten. Ordnet zu.

Welche Meisterschaften waren denn das?
Was für ein Hund ist denn das?

(A) hat der Ferrari? ★ (B) ~~spielt sie denn?~~ ★ (C) war denn das? ★
(D) hat ihr Vater gekauft? ★ (E) hat ihr Bruder schon repariert? ★
(F) haben sie dort in Asien? ★ (G) hast du denn gewonnen? ★ (H) kennt er denn?

1 Welche Instrumente (B)
2 Welche Filmstars (?)
3 Was für Geräte (?)
4 Welche Farbe (?)
5 Was für ein Haus (?)
6 Was für eine Fernsehshow (?)
7 Was für ein Pferd (?)
8 Welche Meisterschaften (?)

Welcher Hund? — Welcher Hund aus der Gruppe ist es?

Was für ein Hund? — Ist er groß, klein ...?

b Schreibt richtige und falsche Informationen über euch, eure Familie und eure Freunde. Lest die Sätze in der Gruppe vor. Die anderen stellen Fragen und finden die falschen Sätze.

Meine Mutter war die Beste in Mathematik.
Mein Großvater hat drei Autos.
Ich kann ...

Was für einen Beruf hat deine Mutter?

Was für ein ● Hund ...?
Was für ein ● Auto ...?
Was für eine ● Fernsehshow ...?
Was für ● Geräte ...?

AB 18–22

1 Gefährliche Lügen

a **Lies und hör den Text. Ordne die Fotos A, B, C zu.** 1/41

HOCHSTAPLER

?
„Ich bin amerikanischer Major. Ich muss hier in Ihrem Ort eine NATO-Konferenz organisieren." Alle Menschen in der ostdeutschen Kleinstadt sind nervös.
Eine NATO-Konferenz in ihrem Ort? Kann das stimmen? Doch der amerikanische Major war schon im Rathaus und hat dort seine Pläne präsentiert. Es muss stimmen. Alle im Ort beginnen mit den Vorbereitungen. Der Major ist inzwischen abgereist. Die NATO-Konferenz hat es nie gegeben.

?
„Ich organisiere Reisen auf den Mond. Ich suche noch Passagiere."
Ein Manager aus Hamburg hört interessiert zu. Es ist eine fantastische Geschichte: die NASA-Rakete, der Flug zum Mond ... Er glaubt jedes Wort. Er will einfach jedes Wort glauben. Schließlich kauft er ein Ticket. Der Preis: 2,5 Millionen €. Er sieht den Mann und sein Geld nie wieder.

?
Der amerikanische Major und der Mondreisende waren Thorsten S. und Jürgen H., zwei Hochstapler aus Deutschland. Hochstapler erzählen Lügengeschichten. Sie machen ihr Leben mit ihren Geschichten interessanter. „Die Geschichte muss einfach und logisch sein, oder extrem unlogisch", meint Thorsten S. und lächelt. „Am Ende glaube ich meine Geschichten oft selbst", erzählt Jürgen H. Doch der Preis für das neue, interessantere Leben ist meist sehr hoch. In Alexander Adolphs Dokumentarfilm „Hochstapler" erzählen Thorsten S. und Jürgen H. ihre Geschichten. Alexander Adolph hat die Interviews in einem Gefängnis gemacht. Denn dort sitzen die beiden Hochstapler jetzt schon seit ein paar Jahren.

A • Flug zum Mond

B • NATO-Konferenz

C • Gefängnis

b **Lies den Text noch einmal. Beantworte die Fragen. Schreib Sätze.**

1. Was für eine Lügengeschichte hat Thorsten S. erzählt?
   Thorsten S. hat gesagt, dass er ...
2. Was für eine Lügengeschichte hat Jürgen H. erzählt?
3. Warum erzählen Hochstapler Lügengeschichten?
4. Was ist oft der Preis für ihre Geschichten?

2 „Tag der Rekorde"

Lies die Anzeige und melde dich für den „Tag der Rekorde" an.

www.tag-der-rekorde.de

Kannst du in einer Minute mehr SMS schreiben als deine Freunde? (Marcel Fernandes' Weltrekord sind 160 Zeichen in 18,2 Sekunden) Hast du mehr Kugelschreiber als deine Lehrerin / dein Lehrer? (Gerhard Reck aus Deutschland hat mehr als 80.000 Kugelschreiber)

Dann melde dich zum „Tag der Rekorde" an!
Anmeldeschluss: 31.10. | Anmeldegebühr: 10 €

ANMELDEFORMULAR
Name   Vorname:
Beschreibe deine Rekordidee:
Ich kann ... sehr schnell / schneller als ...
Aber ich kann sicher noch schneller / noch mehr ...

SENDEN

AB 23–27

LL1 Fakten und Beispiele

a Lies und hör die Texte aus dem Internetforum. Welche drei Bilder passen zu den Texten? Ordne zu. 1/42

A

B

C

Alte VW Zentrale in Wolfsburg

D

E

F

www.bei-uns-daheim.com

FORUM **Am schönsten, am höchsten, am größten ...**

Welche Rekorde findet man in deiner Heimatregion? Sind sie für dich wichtig? Erzähl uns davon.

1 **Rolloll** Ich komme aus dem Schwarzwald. Der Schwarzwald liegt im Südwesten von Deutschland. Bei uns kannst du die größte Kuckucksuhr auf der Welt sehen. Allein der Kuckuck ist 150 Kilogramm schwer. Mir gefällt die Uhr eigentlich gar nicht so gut. Auch den Rekord finde ich ein bisschen seltsam. Unsere Kuckucksuhr zu Hause ist kleiner, aber schöner.

2 **heidiX** Die Schweizer fahren am liebsten mit dem Zug. Da sind wir Rekordhalter. In keinem anderen Land fahren so viele Menschen mit dem Zug wie in der Schweiz. Als Schweizerin bin ich natürlich auch oft Fahrgast bei der Schweizer Bahn, denn das ist auch für die Umwelt gut. Manchmal wünsche ich mir aber mehr Platz. Wenn ich mit dem Zug fahre, will ich sitzen und nicht stehen.

3 **Amadeus** Ich komme aus Hallstadt. Hallstadt ist vielleicht das schönste Dorf in Österreich. Das sehen auch viele Touristen so. Wenn man im Sommer nach Hallstadt kommt, trifft man hier zwölfmal mehr Touristen als Einwohner. Das ist ein Rekord. aber leider auch ein Problem für die Einwohner von Hallstadt. Ich bin froh, dass ich mit meiner Familie heute nicht mehr in Hallstadt lebe.

b Lies die Texte noch einmal und ergänze die Tabelle.

	Heimatregion	Rekord	Meinung 😃 😐 ☹️
Rolloll	Schwarzwald	?	?
heidiX	?	?	?
Amadeus	?	?	?

c Hör Daniela, Elias und Sophia. Welche drei Bilder aus a passen zu ihren Rekorden? 1/43

d Hör noch einmal. Ordne dann zu und ergänze die Namen. Nicht alle Sätze passen. 1/43

1 ? findet nicht so gut,
2 ? wohnt
3 In ?s Heimatstadt gibt es
4 ? kommt von einem Bauernhof

a in der größten deutschen Stadt.
b in Österreich.
c deshalb ist sie nicht immer gern in der Großstadt.
d dass es so oft regnet.
e die größte Fabrik weltweit.
f viele Autos.

LL2 Und jetzt du!

a Sammelt Rekorde aus eurer Heimatregion.

Landschaft | Wetter | Wirtschaft | Kunst und Kultur | Bekannte Personen | Persönliche Superlative

b Wie findet ihr die Rekorde aus euren Heimatregionen? Zeichnet Smileys und erklärt.

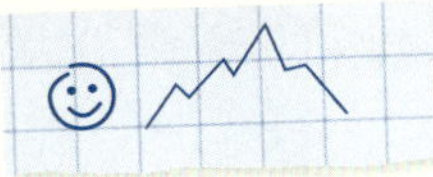

Bei uns gibt es den höchsten Berg in der Region. Ich finde das toll, weil man mountainbiken und Ski fahren kann.

P1 Erzählt eine Liebesgeschichte in Bildern.

a **Sammelt bekannte Liebesgeschichten. Arbeitet auch mit einem Online-Wörterbuch.**

Märchen und Sagen: Helena und Paris, Aschenputtel, Froschkönig, Adam und Eva …

Film und Literatur: Romeo und Julia, Faust und Gretchen, Titanic, Die Schöne und das Biest, Shrek …

Bekannte Personen: John Lennon und Yoko Ono, Prinz Charles und Prinzessin Diana …

b **Wählt eine Liebesgeschichte aus oder erfindet eine eigene Liebesgeschichte. Erzählt die Geschichte in vier bis sechs Bildern. Diskutiert, was man auf den Bildern sehen soll.**

Auf Bild 1 sieht man den Froschkönig.

Nein, da sieht man die Prinzessin, sie hat ihren Ball verloren.

Auf Bild 2 kommt der Froschkönig und …

c **Zeichnet die Bilder als Comic. Ihr könnt die Bilder auch nachstellen und Handyfotos machen.**

d **Macht ein Poster oder eine digitale Präsentation mit euren Bildern.**

P2 Präsentiert eure Geschichten.

a **Bereitet eure Präsentation vor. Jede Person in der Gruppe soll ein Bild beschreiben.**

- Auf dem ersten Bild sieht man … Er / Sie ist / will …
- Später / Danach trifft er / sie … Das sieht man auf dem zweiten Bild.
- Das dritte Bild zeigt …
- Am Ende / Schließlich …

b **Präsentiert euer Poster oder eure digitale Präsentation in der Klasse.**

FILM
Sieh den Film **Ich habe jemanden kennengelernt!** an und lös die Aufgaben auf S. 72.

FINDE DIE Sprechblasen-Sätze IN DEN LEKTIONEN 15 UND 16.

G1 Verb

a Konjugation (Modalverb *sollen*)

	sollen
ich	soll
du	sollst
er, es, sie, man	soll
wir	sollen
ihr	sollt
sie, Sie	sollen

Was **soll** ich **anziehen**?

Soll ich **aufstehen** oder im Bett **bleiben**?

S. 34

b Verben mit Dativ

- Schau, die Torte schmeckt **deinem Hund**.
- Nein, Bello! Hör auf!

Die Torte schmeckt → **Wem**? **dem Hund**.

Die Torte schmeckt → **ihm**.

Wir haben eine Geldbörse gefunden. **Gehört** sie **dir**?

Verben mit Dativ (nur wenige Verben): passen, gefallen, gratulieren, gehören, helfen, schmecken, es geht …

Verben mit Dativ und Akkusativ: geben, erzählen …

S. 32

G2 Artikel, Nomen und Pronomen

a Artikelwörter (Demonstrativartikel)

	Nominativ	zum Vergleich:	Nominativ	zum Vergleich:
maskulin	dieser • Pullover	der • Pullover	Was für ein(-) • Pullover?	mein(-) • Pullover
neutral	dieses • Kleid	das • Kleid	Was für ein(-) • Kleid?	mein(-) • Kleid
feminin	diese • Hose	die • Hose	Was für eine • Hose?	meine • Hose
Plural	diese • Schuhe	die • Schuhe	Was für (-) • Schuhe?	meine • Schuhe

Diesen Unsinn darfst du nicht glauben.

S. 42

b Fragepronomen: *Wer? / Wen? / Wem?*

	Wer?	Wen?	
Hat	er	**ihn**	eingeladen?

	Wem?	
Ja, aber der Termin passt	**ihm**	nicht.

!

Wer hat ihn eingeladen?	→ er	= Nominativ
Wen hat er eingeladen?	→ ihn	= Akkusativ
Wem passt der Termin nicht?	→ ihm	= Dativ

S. 32

G3 Adjektiv

Superlativ

Das Mineralwasser ist **am billigsten**, das nehme ich.
der billig**ste** • Burger
das billig**ste** • Eis
die billig**ste** • Pizza
die billig**sten** • Getränke

Wo gibt es **das beste** Eis in der Stadt?

Welcher Schauspieler gefällt dir **am besten**?

S. 40

kurze Adjektive mit *a*, *o*, *u*: am w**ä**rmsten, am gr**ö**ßten ...

Besondere Formen: gut – **am besten**, viel – **am meisten**, gern – **am liebsten**

billig	**am** billig**sten** **der** / **das** / **die** billig**ste** **die** billig**sten**

G4 Satz

Nebensatz mit *dass*

Nico: „Mein Bruder **hat** einen Ferrari." — Nico sagt, **dass** sein Bruder einen Ferrari **hat**.

Das **ist** ein Märchen. — Ich glaube, **dass** das ein Märchen **ist**.

15+16 REDEMITTEL

Personen beschreiben und charakterisieren L15, S. 30

- Meine Schwester ist schlank und ihre Haare sind lockig.
- Meine Cousine trägt auch eine Zahnspange, und sie ist ungefähr so groß wie du.
- Mein Onkel sieht so ähnlich aus wie der Mann auf dem Foto. Mein Onkel ist aber älter und auch größer.

Besitz angeben L15, S. 32

- Gehört das dir?
- Nein, das gehört nicht mir, das gehört Eva.
- Ja, genau, das gehört ihr.

Eva Ja, genau, das gehört mir.

Entscheidungen diskutieren L15, S. 33

- Kommst du heute Abend zu mir?
- Tut mir leid, ich kann nicht.
- Ach nein, du musst kommen ...
- Aber Ich kann nicht kommen. Ich bin schon verabredet und habe Ja gesagt. Was soll ich denn jetzt tun?

Vorlieben angeben L15, S. 34

- Ich trinke am liebsten Kakao zum Frühstück.

Angaben zu Mengen und Maßen machen L16, S. 38

- Wie lang und breit ist ein Fußballfeld?
- 75 x 45 Meter.
- Wie schnell fährt ein Formel-1-Rennwagen?
- 370 km/h.
- Wie groß ist Liechtenstein?
- 324 km^2.

vergleichen L16, S. 40

- Was ist dein Lieblingssport?
- Volleyball mag ich am liebsten. Fußball mag ich nicht so gern, Fußball finde ich viel langweiliger als Volleyball.

Zweifel ausdrücken L16, S. 42

- Nico hat gesagt, dass seine Mutter vier Musikinstrumente spielt.
- Diesen Unsinn darfst du nicht glauben. Diese Geschichte stimmt sicher nicht. In Wirklichkeit spielt seine Mutter nur ein bisschen Klavier.

Wenn ich das schaffe, ...

A1 Japanische Kochkunst

Sieh die Fotos an. Ordne die Texte zu.

1 Der Fugu ist ein japanischer Speisefisch. Er ist eine besondere Spezialität in der japanischen Küche, denn er ist sehr giftig. Viele Menschen sind schon nach einem Fugu-Essen gestorben.

2 Nur spezielle Köchinnen und Köche dürfen in Japan Fugu-Speisen kochen. Die Arbeit in einer Fugu-Küche ist gefährlich.

A2 Die Prüfung AB 1

a Lies und hör die Teile aus dem Text. Beantworte die Fragen. Was meinst du? 2/01

„Akio, komm in die Küche, deine Prüfung beginnt!" Meister Sato hat seinen jungen Koch endlich gefunden. Er war auf dem Parkplatz. Akio ist nervös. Er glaubt, er ist noch nicht gut genug für die Prüfung.

...

Akio legt seine Messer auf den Tisch und wartet auf seinen Fugu. Dann kommt das Startsignal, es geht los. Akio arbeitet schnell und genau. Er schneidet die giftigen Teile aus dem Fisch und legt sie auf einen Teller. Dann markiert er sie. Die guten Teile gibt er auf die Seite. Zuletzt macht er noch seinen Tisch sauber. ...

• Prüfung = • Test

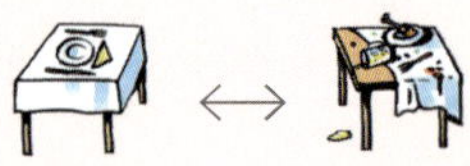

1 Wer ist Akio? **2** Wo ist Akio? **3** Warum ist er dort? **4** Wer ist Meister Sato?

in einem Restaurant ★ zu Hause ★ auf einem Parkplatz ★ in einer Küche ★ eine Prüfung machen ★ ein Koch ★ ein Freund ★ ein Mittagessen machen ★ ein Restaurantbesucher ★ ...

Akio ist ein Junge

Ja, er ist ein Koch.

Zuerst ist er ...

FUGU

eine gefährliche Spezialität

„Akio, komm in die Küche, deine Prüfung beginnt!" Meister Sato hat seinen jungen Koch endlich gefunden. Er war auf dem Parkplatz. Akio ist nervös. Er glaubt, er ist noch nicht gut genug für die Prüfung. Fünf Jahre arbeitet er schon in Meister Satos Restaurant. Er hat dort viele Dinge gelernt: Zwiebeln schneiden, Fleisch braten, Kuchen backen ... Denn Akio macht eine Ausbildung zum Koch. Doch Akios Ausbildung ist keine normale Kochlehre. Akio möchte Fugu-Koch werden. Fugu-Köche müssen aber länger lernen als normale Köche, und sie müssen sehr schwierige Prüfungen schaffen.

Der Fugu ist ein japanischer Fisch und eine besondere Spezialität in Japans Küche. Denn der Fugu ist sehr, sehr giftig. Nur spezielle Köche und Köchinnen dürfen Fugu-Speisen in ihren Restaurants anbieten. Zu viele Menschen sind schon nach einem Fugu-Essen gestorben. In vielen Ländern ist der Fisch daher verboten, auch in Deutschland.

Akio hat bei Meister Sato alles über Fugu-Fische gelernt: Er kann alle Arten erkennen, er kann die giftigen Fischteile herausschneiden, und er kann fast alle Fugu-Rezepte kochen.

In Meister Satos Küche hat er auch genug Zeit, da schafft er das ohne Probleme. Doch heute soll er einen ganzen Fisch in Teile schneiden, und das in nur zwanzig Minuten! Meister Sato ist eigentlich sehr zufrieden mit Akio: Er ist pünktlich, er kann gut zuhören, und er kann konzentriert arbeiten. Er akzeptiert Kritik und passt gut in Meister Satos Team. Das ist wichtig, denn die Arbeit in einer Fugu-Küche ist gefährlich. Doch Akio ist nicht der Schnellste. Deshalb ist er heute so nervös.

Akio legt seine Messer auf den Tisch und wartet auf seinen Fugu. Dann kommt das Startsignal, es geht los. Akio arbeitet schnell und genau. Er schneidet die giftigen Teile aus dem Fisch und legt sie auf einen Teller. Dann markiert er sie. Die guten Teile gibt er auf die Seite. Zuletzt macht er noch seinen Tisch sauber. Er hat es geschafft! „Sie haben alles richtig gemacht. Aber warum haben Sie am Ende den Tisch mit einer Serviette geputzt? Das dürfen Sie nicht. Wir sehen uns nächstes Jahr wieder!"
Akio ist traurig, doch Meister Sato meint: „Das ist kein Problem: Die besten Fugu-Köche haben die Prüfung dreimal gemacht."

• Serviette

b **Lies und hör den Text. Hat Akio seine Prüfung geschafft?** 2/02

c **Lies den Text noch einmal. Was ist richtig?**

1 ? Meister Sato ist Akios Chef.
2 ? Akio muss eine Kochprüfung machen.
3 ? In Deutschland sind Fugu-Speisen sehr beliebt.
4 ? Akio weiß noch nicht sehr viel über Fugu-Fische.
5 ? Akio hat bei der Prüfung eine halbe Stunde Zeit.
6 ? Meister Sato ist froh, dass Akio für ihn arbeitet.
7 ? Akio ist der schnellste Koch in Meister Satos Küche.
8 ? Akio hat bei der Prüfung einen Fehler gemacht.

B1 Eine Kochprüfung. Teil 1: „Das Rezept" AB 2–7

a Hör gut zu. Kannst du das Rezept nachkochen? Nummeriere die Arbeitsschritte unten. 2/03

• Rezept

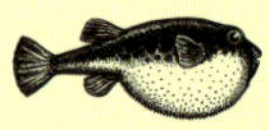

Akio legt seine Messer **auf den** Tisch.

Weißt du's noch? S. 75
Präpositionen

Wechselpräpositionen mit Akkusativ

wohin? ⟶ in den Topf

geben
legen
stellen
…

auf, über, an, in, vor, hinter, zwischen, neben, unter

(?) Die Kartoffeln und die Sardellen ^wohin? in den Topf geben.
(?) Salz und Pfeffer ^wohin? in den Fischtopf geben und alles ^wohin? auf den Tisch stellen. Guten Appetit!
(?) Den Wein, das Wasser und die Milch ^wohin? über die Kartoffeln und das Gemüse geben und alles eine halbe Stunde lang kochen.
(?) Zwiebel und Lauch ^wohin? in den Topf geben und fünf Minuten anbraten.
(1) Das Gemüse klein schneiden. Einen Topf ^wohin? auf den Herd stellen und Öl ^wohin? in den Topf geben.
(?) Den Fisch vorsichtig ^wohin? auf die Kartoffeln legen und alles noch einmal 15 Minuten kochen.

b Hör zu. Der Chefkoch kontrolliert. Welche Fehler findet er? Ordne zu. 2/04

auf dem Tisch (2x) ★ im Topf (2x) ★ auf dem Herd

1 Julians Topf steht nicht ^wo? (?).
2 Davids Kartoffeln sind noch nicht ^wo? (?).
3 Marias Sardellen liegen noch hier ^wo? (?).
4 Christophs Fisch ist schon ^wo? (?).
5 Lisas Fischtopf steht noch nicht ^wo? (?).

Wechselpräpositionen mit Dativ

wo? ◉ auf dem Herd

sein
liegen
stehen
…

auf, über, an, in, vor, hinter, zwischen, neben, unter

B2 Eine Kochprüfung. Teil 2: „Tisch decken" AB 8–9

a Ordne zu. Hör zu und vergleiche. 2/05

1 • Glas (¨-er) (C)
2 • Löffel (?)
3 • Teller (?)
4 • Dessertbesteck (?)
5 • Messer (?)
6 • Serviette (?)
7 • Salzstreuer (?)
8 • Gabel (?)

b **Der Tisch ist falsch gedeckt. Hör zu und notiere die fünf Fehler.** 2/06

1 Der Löffel liegt wo? [?]. Das ist falsch. Der Löffel kommt wohin? [?].
2 Der Dessertlöffel liegt wo? [?]. Das ist falsch. Er kommt wohin? [?].
3 Das Brotmesser liegt wo? [?]. Das ist falsch. Es kommt wohin? [?].
4 Das Wasserglas steht wo? [?]. Das ist falsch. Es kommt wohin? [?].
5 Da ist kein Salz wo? [?].

B3 Wie viel kostet das Menü? AB 10–11

a **Lies den Chat. Wie viel kosten die Menüs in den drei Restaurants?**

1 „Tornado" Lieferservice: [?] 2 Restaurant „Jägerhof": [?] 3 Mensa: [?]

www.isstwasgutes.de

FORUM *Welcher Lieferservice ist der beste?*

Kochelfe: Hallo, hat schon einmal jemand beim „Tornado" Lieferservice Essen bestellt?

Spicy55: Ja, aber ein Tornado war das sicher nicht. Wir haben eineinhalb Stunden gewartet, und es war teuer. Für alles zusammen haben wir 120 Euro bezahlt. Zwanzig Prozent war für den Lieferservice.

Kochelfe: Was sind denn das für Preise? Bei uns im Gasthaus „Jägerhof" kostet das Menü nur 11 €.

JanO: 11 €? In der Mensa in unserer Schule esse ich jeden Tag für 6 €.

b **Hör den Dialog und ergänze die Speisen und Getränke.** 2/07

RESTAURANT JÄGERHOF

MITTAGSMENÜ 11 €

VORSPEISE
Gemüsesuppe
oder
Salat mit Shrimps
oder
Spaghetti pomodoro

HAUPTSPEISE
Fisch in Tomatensauce
oder
Hähnchen mit Zwiebeln
oder
Gemüsecurry mit Reis

NACHSPEISE
Apfelkuchen
oder
Gemischtes Eis

Alexandra: Wir möchten gern bestellen.
Kellner: Bitte sehr.
Alexandra: Ich nehme **1** [?] und dann **2** [?].
Kellner: Und was möchten Sie trinken?
Alexandra: **3** [?], bitte.
Julian: Ich nehme **4** [?] und dann **5** [?].
Kellner: Und was möchten Sie trinken?
Julian: **6** [?].

c **Was fehlt? Hör die Dialoge und ergänze.** 2/08

A
Alexandra: Entschuldigen Sie, **1** [?] fehlt.
Kellner: Stimmt, ich bringe ihn sofort. ... Hier, bitte sehr.
Alexandra: Vielen Dank.

B
Julian: Entschuldigen Sie, könnten wir noch **2** [?] haben?
Kellner: Ja natürlich, ich bringe es sofort.
Julian: Vielen Dank.

d **Spielt zu dritt Dialoge wie in b und c.**

AB 12–13

C1 Berufsausbildung AB 14

a **Sieh die Fotos an. Ordne die Berufe zu. Hör zu und vergleiche.** 2/09

Denn Akio **macht eine Ausbildung** zum Koch.

A

B

C
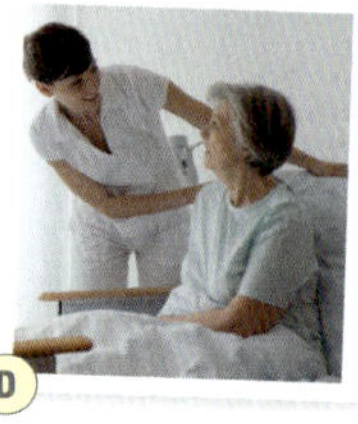
D

E

F

G

(1) Mechatroniker/-in ★ (2) Tierarzt/-ärztin ★ (3) Pflegefachfrau/-mann ★ (4) Friseur/-in ★ (5) Fotograf/-in ★ (6) IT-Fachmann/-frau ★ (7) Büroassistent/-in

b **Welche anderen Berufe findest du interessant? Schreib vier Berufe auf. Schau in einem Online- Wörterbuch nach oder frag deine/n Lehrer/-in.**

Beamter (Beamtin)

c **Hör zu. Was möchten die Jugendlichen werden? Welche Ausbildung A, B oder C brauchen sie?** 2/10

		Ausbildung	Beruf
1	Nele	?	?
2	Ben	?	?
3	Celina	?	?

(A) Mittelschulabschluss und eine Lehre machen
(B) auf eine spezielle Schule gehen
(C) Abitur machen und an der Universität studieren

Friseurin ★ Fotograf ★ Tierärztin ★ Lehrer ★ Sänger ★ Ingenieur

C2 Ausbildung AB 15–16

a **Welche Ausbildung braucht man in Deutschland für die Berufe in C1a? Sieh die Grafik an und erkläre.**

Arzt/Ärztin, Ingenieur/-in, Lehrer/-in, Architekt/-in ...

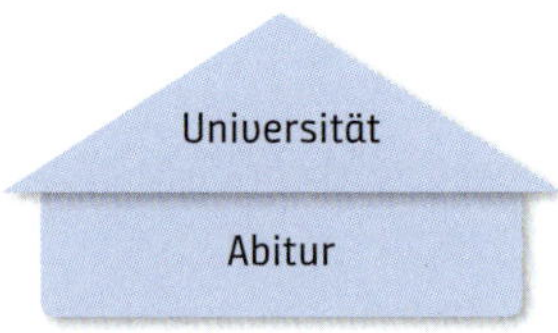

Mechatroniker/-in, Friseur/-in, Fotograf/-in, Kellner/-in, alle Handwerksberufe (Tischler/-in ...)

Ein Arzt oder eine Ärztin hat Abitur gemacht und dann ...

Ein Mechatroniker oder eine Mechatronikerin muss ...

Grafik zu Ausbildung und Beruf: S. 64

b **Lies zuerst den Dialog und ergänze. Hör dann zu und vergleiche.** 2/11

Pflegefachfrau werden ★ Wie wird man das? ★ weiß noch nicht ★ nach der Schule ★ ich möchte Tierärztin werden ★ in eine spezielle Schule gehen ★ gute Noten in Biologie haben

- ○ Was möchtest du **1** ? machen?
- ◆ Ich möchte **2** ?.
- ○ Ja? **3** ?
- ◆ Na ja, man muss **4** ? und man muss **5** ?.
- ◆ Die Aufnahmeprüfung für die Schule ist ziemlich schwierig. Und du? Was möchtest du nach der Schule machen?
- ○ Ich **6** ?, aber ich glaube, **7** ?.
- ◆ Ja? Wie wird man das? ...

c **Schreibt den Dialog aus b weiter. Der Kasten hilft euch.**

Tiere mögen ★ Abitur machen ★ an der Universität studieren ★ gut in Biologie und Chemie sein

d **Macht ein Interview wie in b. Was möchte eure Partnerin / euer Partner werden?**

D1 Jobs für Jugendliche

a **Lies die Anzeigen. Welche Jobs findest du interessant?**

www.jobben16.de

Aktuelle Jobs für Schülerinnen und Schüler

Babysitten 3-mal pro Woche am Abend
0159/45982535

Wer hilft mir im Garten? Walter Bösch, Bergweg 14, Tel. 4011

Unser Callcenter sucht Telefonisten/-innen für die Sommerferien.
Anfragen unter 83477

Nachhilfe in Mathematik (Klasse 9) gesucht!
petra@t-online.de

Schülerjob – Zeitungen und Prospekte austragen
Ortsnachrichten, info@ortsnachrichten.de

b **Hattest du schon einmal einen Job? Was hast du gemacht? Wie viel Geld hast du verdient? Warum hast du gearbeitet?**

Ich habe schon einmal Nachhilfe in ... gegeben.

c **Ein Job im Supermarkt. Was muss man tun? Ergänze *den*, *ins* oder *die*.**

1 Preise wohin? auf ? Produkte kleben

2 Schachteln und Dosen wohin? ? Regal stellen

• Dose
• Schachtel

3 leere Flaschen wohin? in ? Flaschenkisten stellen

• Flasche
• Kiste

4 leere Schachteln wohin? ? Lager räumen

5 Plakate wohin? an ? Wand hängen

6 Abfall wohin? in ? Mülleimer werfen

• Abfall
• Mülleimer

D2 Das war die Kleine da.

AB 17–18

a **Hör den Dialog und beantworte die Fragen.** 2/12

1 Wo arbeiten Lukas und Sarah?
2 Warum ist Herr Huber böse?

b **Lies die Sätze und ordne die Zitate aus dem Dialog zu. Hör noch einmal und vergleiche.** 2/12

1 Lukas hat einen Termin. (C)
2 Sarah denkt, Lukas arbeitet nicht genug. (?)
3 Sarah nervt Lukas. (?)
4 Herr Huber hat noch Arbeit für Lukas und Sarah. (?)
5 Lukas hat die Flaschen kaputt gemacht. (?)
6 Lukas lügt. (?)
7 Herr Huber hört Sarah nicht zu. (?)
8 Lukas hat die Flaschen kaputt gemacht. Das hat Frau Hacker gesehen. (?)

A Warum machst du dauernd so lange Pausen?
B Das ist meine Sache. Mach du deine Arbeit.
C Noch zehn Schachteln einräumen, und ich muss um sechs Uhr bei Max sein. Ich hasse den Job.
D Sarah, du musst noch die Kalender an die Wand hängen und die Dosen ins Regal räumen, Lukas, stell die Flaschen in die Kisten.
E Das war die Kleine. Ich bin fertig, Herr Huber, ich muss weg ...
F Oh nein, Lukas. Was hast du gemacht?
G Da war doch ein junger Mann, der hat doch die Flaschen kaputt gemacht.
H Mach das sauber. Ich habe jetzt keine Zeit, da drüben warten Kunden.

c **Diskutiert in der Klasse. Sprecht auch in eurer Muttersprache.**

1 Warum sagt Lukas: „Das ist meine Sache."
2 Warum sagt Herr Huber: „Ja, ja, ist schon gut."
3 Wer hat die Flaschen kaputt gemacht?
4 Welche Person reagiert richtig?
5 Welche Person reagiert falsch?

E1 Das nervt! AB 19–20

Wenn ihr fertig **seid**, **könnt** ihr gehen.

Nebensatz mit wenn

Ihr **seid** fertig. Ihr **könnt** gehen.

Wenn ihr fertig **seid**, **könnt** ihr gehen.

a Regeln im Job. Ordnet zu.

1. Wenn du am Morgen unpünktlich bist, (?)
2. Wenn du krank bist, (D)
3. Wenn die Fenster schmutzig sind, (?)
4. Wenn die Schachteln leer sind, (?)
5. Wenn ein Kunde etwas sucht, (?)
6. Wenn du eine Pause machen willst, (?)

(A) musst du sie wegräumen. ★ (B) musst du sofort anrufen. ★
(C) musst du am Abend länger arbeiten. ★ (D) ~~darfst du nicht weiterarbeiten.~~ ★
(E) musst du sie bald putzen. ★ (F) musst du ihm helfen.

b Wer denkt was? Schreib Sätze und ordne zu.

Wenn ich das bezahlen **muss**, habe ich den ganzen Monat umsonst gearbeitet.

(A) Lukas ★ (B) Sarah ★ (C) Herr Huber ★ (D) Frau Hacker

1. (B) ich – sehe – Wenn – morgen – Lukas, | kein Wort – spreche – mit ihm – ich.
   Wenn ich Lukas morgen sehe, spreche ich kein Wort mit ihm.
2. (?) Sarah – die Flaschen – Wenn – bezahlen muss, | nicht bezahlen – muss – ich – sie.
3. (?) der junge Mann – die Flaschen – bezahlen muss – Wenn, | ich – nicht mehr – kaufe – ein – bei Herrn Huber.
4. (?) ich – Wenn – nicht zur Arbeit – gehe – morgen, | nicht – mit Sarah – sprechen – muss ich.
5. (?) die Flaschen – kaputt gemacht – hat – Wenn – Lukas, | er – muss – bezahlen – sie – und nicht Sarah.
6. (?) ich – bezahlen muss – Wenn – die Flaschen, | für Herrn Huber – nie mehr – arbeite – ich.

E2 Es stört mich, wenn … AB 21–22

Es **stört mich**, **wenn** wir jeden Tag so lange arbeiten müssen.

a Hör zu. Was stört Marcel, was stört Maria? Schreib Sätze. 2/13

Es stört Marcel, wenn …
und vor allem mag er es nicht, wenn …

Es stört Maria, wenn …

b Was stört dich? Was stört dich nicht? Schreib Sätze und vergleiche mit deiner Partnerin / deinem Partner. Was habt ihr gemeinsam? S. 69

nicht zuhören ★ schnell Auto fahren ★ immer seine Sachen vergessen ★
Chaos in seiner Wohnung haben ★ immer zu spät kommen ★ immer schimpfen ★
neben mir rauchen ★ schmutzige Kleidung tragen ★ sehr lange telefonieren ★
seine Haare nicht waschen ★ Lügengeschichten erzählen ★ alles besser wissen ★
mit vollem Mund sprechen ★ Hausaufgaben nicht machen ★ sehr faul sein ★
immer in Eile sein ★ immer sehr ängstlich sein ★ nicht tolerant sein ★
beim Essen Nachrichten auf dem Handy lesen ★ …

rauchen

☹ *Es stört mich, wenn jemand immer zu spät kommt.*

☺ *Es stört mich nicht, wenn jemand beim Essen Nachrichten auf dem Handy liest.*

c Berichtet in der Klasse.

Es stört uns, wenn jemand seine Haare nicht wäscht.

schimpfen = was man sagt, wenn man böse ist
faul sein (≈ sehr oft faulenzen) ≈ fleißig sein
in Eile sein ≈ keine Zeit haben
tolerant sein ≈ man akzeptiert andere Ideen und Meinungen

1 Passt der Job für mich?

a **Lies die Anzeigen. Welche Anzeigen passen zu den „Wunschjobs"? Schreib Sätze.**

ONLINE-JOBBÖRSE

Wir suchen einen **Babysitter**
Jede Woche Mo. und Fr. 18:00–22:00 Uhr.
Der Babysitter muss älter als 15 Jahre sein.
Bezahlung: 5 € pro Stunde.
Telefon: 03412 / 88 34 78, ludwig@next.de

Schülerjob!
Zeitungen und Prospekte austragen
Mo und Sa 5–8 Uhr
(Jungen oder Mädchen mit eigenem Fahrrad oder Moped)
info@ortsnachrichten.de

Ferienjob
Helfer im Getränkemarkt gesucht, Juli–August Mo–Fr acht Stunden täglich. Gute Bezahlung
Fa. Hermes • Marktplatz 4 • Tel.: 98433, hermes@mail.de

Wer gibt **Nachhilfestunden** (Klasse 9) in Mathematik und Englisch?
Dienstag-, Mittwoch- oder Freitagnachmittag
petra@t-online.de

Emma (16): muss am Montag ihren Bruder um 7:00 Uhr in den Kindergarten bringen, macht im Juli einen Sprachkurs in England
Wunschjob: Zeitungen austragen oder im Getränkemarkt arbeiten

Wenn Emma Zeitungen austrägt, kann sie ihren Bruder nicht in den Kindergarten bringen. Aber sie kann babysitten. ...

Benjamin (14): gut in Mathematik, Brieffreundin in London, hat ein Fahrrad
Wunschjob: Babysitten oder Zeitungen austragen

Wenn Benjamin babysitten will, muss er ...

Meike (15): hat Montag und Mittwoch am Abend Basketballtraining, hat in Mathematik eine Fünf, hat ein Moped
Wunschjob: Babysitten oder Nachhilfe geben

Leon (16): möchte viel arbeiten und Geld verdienen, möchte jeden Tag arbeiten
Wunschjob: Zeitungen und Prospekte austragen

b **Sprecht über die Situationen in a.**

Wenn Emma Zeitungen austrägt, ...

2 Gefällt dir dein Beruf?

a **Lies Leons Text über seine Cousine Lara. Ordne die Fragen zu.**

Ⓐ Was muss sie in ihrem Beruf tun? ★
Ⓑ Was gefällt ihr (nicht) in ihrem Beruf? ★
Ⓒ Welche Ausbildung hat sie?

www.Johann-Peter-Hebel-Schule.de/Forum

SCHULFORUM *Guter Job, schlechter Job?*

1 (?) Meine Cousine Lara ist Kellnerin von Beruf. Sie hat eine Lehre gemacht und dann in einigen Restaurants gearbeitet. Im Herbst arbeitet sie auf einem großen Kreuzfahrtschiff.

2 (?) Lara arbeitet jeden Tag acht Stunden. Manchmal muss sie schon um 6 Uhr am Morgen beginnen, dann hat sie aber am Abend frei. Manchmal beginnt sie am Nachmittag, dann ist sie erst um Mitternacht fertig.

3 (?) Lara lernt als Kellnerin viele Menschen kennen. Deshalb mag sie ihren Beruf. Wenn sie genug Trinkgeld bekommt, dann verdient sie gut. Deshalb möchte sie auf dem Kreuzfahrtschiff nur an der Bar arbeiten.

b **Macht Interviews mit Freunden oder Familienmitgliedern. Schreibt Texte wie Leon in a.**

Mein/e ... ist ... von Beruf. Sie / er hat ... gemacht / ist ... gegangen. Sie / er ... gern / nicht so gern ...

AB 23–26

18

DIE BOROS AUS BERLIN …

Familie Boro aus Berlin hat drei Monate in einem Bauernhaus gelebt. Genau so wie die Bauern im Jahr 1902. Das Leben war plötzlich ganz anders für Ismail und Marianne Boro und ihre drei Kinder Sera, Reya und Akay.

… und ihre Reise ins Jahr 1902.

Das Wetter macht den Boros Sorgen: Sie holen viel Holz für den Winter.

Ismail und Marianne gehen auf den Markt. Dort verkaufen sie ihre Produkte.

Sera melkt Kuh Henny: Familie Boro muss ihre Lebensmittel selbst produzieren.

Reya auf dem Kartoffelfeld: Die Boros pflanzen Kartoffeln und Gemüse.

Akay füttert die Tiere.

i
etwas macht Sorgen ≈ etwas macht ein bisschen Angst
Lebensmittel ≈ Brot, Milch, Eier …
romantisch: Ein Liebesfilm ist romantisch.

A1 Die Zeitreise

a **Seht die Fotos an. Was haben die Boros gemacht?**

b **Was war toll, was war nicht so toll? Was war wohl einfach, was war schwierig? Was meint ihr?**

Das Leben war stressig.

Das Leben heute ist vielleicht stressiger.

die Arbeit ★ die Freizeit ★ das Essen und Trinken ★ die Kleider ★ …

langweilig ★ schrecklich ★ praktisch ★ unpraktisch ★ super ★ stressig ★ interessant ★ neu ★ anders ★ romantisch ★ lustig ★ cool ★ uncool ★ …

A2 Deutschland im Jahr 1900

Beantworte die Fragen. Was meinst du?

Das Jahr 1900 in Deutschland:
Ein Arbeiter verdient in Deutschland 800 Mark im Jahr. Im Jahr 2023 sind das circa 5.600 Euro. Du lebst in einem Bauernhaus im Schwarzwald im Jahr 1900. Du kannst sehr gut Bürsten und Besen binden. Für eine Bürste brauchst du zwei Stunden.

PREISE

Waren	Menge	im Jahr 1900 (Mark)	heute (Euro)
Butter	500 g	1,00	5,60
Kaffee	1 kg	1,24	20,00
Bürste	1 Stück	0,50	11,00
Kuh	1 Stück	150,00	1.600,00
Milch	1 Liter	0,18	1,60

Frage 1: Wie viele Bürsten musst du binden, wenn du auf dem Markt eine Kuh kaufen willst?
Frage 2: Wie lange musst du für eine Kuh arbeiten?
Frage 3: Wie lange muss ein Arbeiter im Jahr 1900 in Deutschland für eine Kuh arbeiten?

• Bürste • Besen

Lösung: S. 76

Plötzlich waren Streichhölzer wichtig

Wie war wohl das Leben auf einem Bauernhof im Jahr 1902? Die Familie Boro aus Deutschland konnte das ausprobieren. Ein deutscher Fernsehsender hat die Berliner Familie auf eine Zeitreise geschickt: Drei Monate lang mussten Ismail Boro, seine Frau Marianne und die drei Kinder Reya, Sera und Akay in einem alten Bauernhaus im Schwarzwald leben, genauso wie die Schwarzwaldbauern im Jahr 1902. Das Haus hatte also keine Elektrizität, kein Internet und natürlich auch keinen Fernseher. Die Familie hatte Lebensmittel für die ersten Tage, aber dann mussten sie ihr Essen und Trinken selbst produzieren. Sie mussten Kartoffeln und Gemüse pflanzen, die Kuh melken und die Tiere füttern. Außerdem mussten sie Butter machen und Besen und Bürsten binden. Diese Produkte sollten sie auf dem Markt verkaufen und ein bisschen Geld verdienen.

Die ersten Tage auf dem Schwarzwaldhof waren noch gemütlich und ruhig, doch die Wochen danach waren sehr schwierig: Die Kartoffelernte war kaputt und man konnte die Kartoffeln nicht essen. Die Kuh war plötzlich krank und man konnte die Milch nicht trinken. Auch das Wetter machte der Familie Sorgen: Zwei Wochen lang konnten sie nicht auf dem Feld arbeiten. Und dann war der Winter da …

Nach den drei Monaten auf dem Bauernhof war für die Boros und Millionen Fernsehzuschauer klar: Bauern im Jahr 1902 mussten jeden Tag um ihr Überleben kämpfen. Doch die Boros haben es geschafft. Sie sind stolz und haben viel gelernt:

„Auch wenn man nichts hat, kann man lachen und glücklich sein", meint Marianne Boro, und ihre Tochter Sera stellt fest: „Handy und Fernseher waren in den drei Monaten überhaupt kein Thema, aber Streichhölzer waren plötzlich total wichtig."

Auch Akay Boro hat etwas gelernt: „Jeden Tag duschen ist überhaupt nicht notwendig. Das weiß ich jetzt."

Möchte Akay gern auf einem Bauernhof im Jahr 1902 leben? „Auf einem Bauernhof schon, aber im Jahr 1902? Da bin ich nicht sicher."

• Streichholz

A3 Gelebte Geschichte im Fernsehen: „Schwarzwaldhaus 1902" AB 1

a **Lies und hör den Text. Waren deine Vermutungen in A1 richtig?** 2/14

b **Lies den Text noch einmal. Lies auch die Fragen und mach Notizen.**

1. Warum hat eine Berliner Familie drei Monate auf einem Bauernhof im Schwarzwald gelebt?
2. Was waren die Spielregeln für die Familie?
3. Welche Probleme hatte die Familie?
4. Was haben die Boros und die Fernsehzuschauer gelernt?

1 Ein Fernsehsender hat eine Fernsehsendung gemacht, man hat sie auf eine Zeitreise geschickt.

c **Möchtest du auf einem Bauernhof im Jahr 1900 leben? Warum (nicht)?**

B1 Ein Arbeitstag im Schwarzwaldhaus – ein Arbeitstag in Berlin AB 2–5

Sie mussten **Kartoffeln** und **Gemüse pflanzen**, die **Kuh melken** und die **Tiere füttern**.

a **Das Jahr 1900 – das Jahr 2023. Welche Aktivitäten passen zusammen? Ordne zu.**

	1900	2023
5 Uhr	aufstehen	
	Feuer machen	1
	Tiere füttern	?
	Kühe melken	?
	Frühstück machen	
7 Uhr	frühstücken	
	Holz machen	
	Haus in Ordnung bringen	?
	Kartoffeln für die Schweine kochen	
9 Uhr	Frühstückspause	
	auf den Markt gehen (10 km zu Fuß)	?
	Bürsten und Besen verkaufen	
	oder Wäsche waschen	?

	1900	2023
11 Uhr	Feuer machen und Mittagessen kochen	?
12 Uhr	Mittagessen	
	Geschirr abwaschen	?
	Schweine füttern	
14 Uhr	Feldarbeit und Waldarbeit	
18 Uhr	Tiere füttern	
	Kühe melken	?
	Eier holen	
	im Garten Gemüse pflanzen	
	Butter machen	
20 Uhr	Abendessen	
21 Uhr	Besen und Bürsten machen	?

1 Heizung und Licht einschalten
2 fernsehen
3 im Supermarkt Eier, Gemüse und Butter kaufen
4 mit dem Bus zur Arbeit fahren
5 staubsaugen
6 den Geschirrspüler einräumen
7 die Katze füttern
8 am Herd oder in der Mikrowelle kochen
9 Milch aus dem Kühlschrank nehmen
10 Wäsche in die Waschmaschine stecken

● Heizung

● Lichtschalter

staubsaugen

● Geschirrspüler

b **Hör den Text aus der Fernsehsendung und vergleiche.** 2/15

c **Finde drei Aktivitäten pro Kategorie aus a. Sammle weitere Wörter.**

	1900	2023
Geld verdienen	?	?
Lebensmittel produzieren	?	?
Essen zubereiten	?	?
Hausarbeit	*Feuer machen*	?

d **Wähle vier bis sechs Kategorien und zeichne ein Tortendiagramm für deinen Alltag. Wie ist dein Leben? Was meinst du? Was soll anders sein? Vergleicht und erzählt.** S. 69

Sport ★ schlafen ★ Musik hören ★ Schule ★ Freunde ★ Computer ★ Hausarbeit ★ Essen und Trinken ★ fernsehen ★ lesen ★ ...

DAS LEBEN IM SCHWARZWALDHAUS

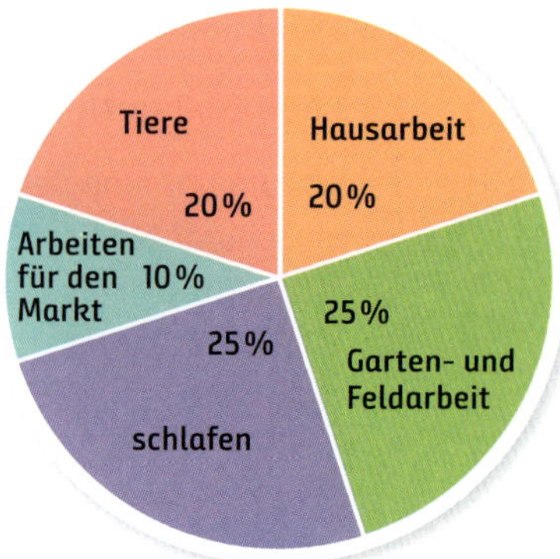

C1 Die Regeln im Schwarzwaldhaus AB 6–8

a Ergänze die Regeln für die Familie Boro im Schwarzwaldhaus.

Sie **mussten** Kartoffeln und Gemüse **pflanzen** …

Präteritum: Modalverben

	auch:
ich musste	dürfen → durfte
du musstest	können → konnte
er, es, sie, man musste	wollen → wollte
wir mussten	sollen → sollte
ihr musstet	mögen → mochte
sie, Sie mussten	

Die Fernsehshow „Schwarzwaldhaus 1902“ hatte strenge Regeln.

1 *(leben müssen)* Die Boros *mussten* drei Wochen lang wie die  *Bauern* im Jahr 1902 *leben*.

2 *(abgeben müssen)* Sie ? ihre  ? und ihre  ? ?.

3 *(sein dürfen)* Im Haus ? keine modernen Geräte ?.

modern ≈ aktuell

4 *(bleiben dürfen)* Nur die  ? ? im Haus ?.

5 *(gehen müssen)* Sie ? alle Wege zu  ? ?.

6 *(kaufen dürfen)* Sie ? im  ? keine modernen Produkte ?.

7 *(leben müssen)* Sie ? mit dem  ? von 1902, der Mark, ?.

8 *(bekommen können)* Sie ? für ihre Produkte nur die Preise von 1902 ?.

b Der Alltag im Schwarzwaldhaus. Was konnten und durften die Boros nicht? Macht eine Liste.

fernsehen, Radio hören, Kartoffelchips essen …

c Welche Probleme hatten die Boros? Lies den Text in A3a und schreib Sätze.

Die Kartoffelernte … und man konnte …

d In Berlin ist alles anders. Was *können* und *dürfen* die Boros jetzt wieder tun? Erzähle.

In Berlin dürfen die Boros wieder mit dem Auto fahren.

Sera kann wieder mit ihren Freundinnen telefonieren.

C2 Reality- und Castingshows AB 9–11

a Hör die Dialoge. Über welche Fernsehsendungen sprechen die Jugendlichen? Ordne zu. 2/16–17

Dialog 1: ?   Dialog 2: ?

- Kandidat ≈ Spieler in einer Show

B Bist du ein Oragu?
Familie Balluch bei den Oragus: Drei Wochen lang lernt die Familie das Leben im Dorf und im Dschungel kennen. Wir sind mit der Kamera für Sie dabei.

A Das schaffst du!
Es ist so weit! Zehn Kandidaten warten im Dschungelcamp auf ihre Aufgaben. Wer wird am Ende der Dschungelkönig oder die Dschungelkönigin? Sie entscheiden mit!

b Hör noch einmal. Was waren die Regeln bei den Fernsehshows? Schreib Sätze. 2/16–17

im Dschungel eine Kiste finden ★ von den Eltern getrennt schlafen ★ Heuschrecken essen ★ in einem Dorf in Afrika leben ★ für Süßigkeiten und Bonbons Fragen beantworten ★ bei den Eltern schlafen ★ scheußliche Sachen essen

•/• Bonbon

getrennt ≈ nicht zusammen
etwas schmeckt scheußlich / widerlich ≠ lecker

Das schaffst du!	Bist du ein Oragu?
Die Kandidaten mussten …	*Familie Balluch musste …*
Alexander …	*Sophie …*

Uuuah!! Widerlich!

c Kennt ihr noch andere Reality- und Castingshows? Was sind die Regeln? Erzählt.

… ist eine Realityshow. Die Kandidaten müssen …

d Hier sind einige Meinungen zu Reality- und Castingshows im Fernsehen. Markiert und diskutiert.

+++ stimme zu
+– stimme teilweise zu
\+ richtig
– stimme nicht zu

1 (+++) Die Zuschauer und die Spieler können bei den Shows sehr viel lernen.
2 (?) Diese Shows sind furchtbar. Die Kandidaten müssen dumme Dinge tun, und die Fernsehzuschauer müssen das ansehen.
3 (?) Reality- und Castingshows machen Spaß, sie sind gute Fernsehunterhaltung.
4 (?) Die Shows zeigen nicht die Realität, sondern nur Sensationen.
5 (?) Die Regeln bei den Realityshows werden immer extremer. Bei „Couple Challenge" mussten die Paare bei -40 Grad Celsius ihre Prüfungen machen. Das muss man verbieten.
6 (?) In diesen Shows müssen die Spieler ihre persönlichen Gefühle und ihr Privatleben im Fernsehen zeigen. Das ist peinlich.
7 (?) Kandidaten in Castingshows wollen schnell berühmt werden. Kurze Zeit später kennt sie niemand mehr.

verbieten ≈ sagen, dass man etwas nicht darf ≠ erlauben
berühmt ≈ viele Menschen kennen diese Person und finden sie toll

Das finde ich auch. Ich stimme zu.
Das ist richtig / teilweise richtig / falsch.
Das stimmt sicher nicht.
Bei Shows wie … kann man …
Shows wie … sind …
Wenn die Kandidaten … müssen, dann …

Das finde ich auch. Bei Shows wie … kann man …

AB 12–14

D1 Früher und heute

Seht die Fotos an. Was war früher anders? Vergleicht.

mehr ★ weniger ★ einfacher ★ gefährlicher ★ langsamer ★ schneller ★ gesünder ★ größer ★ ruhiger ★ langweiliger ★ besser ★ billiger ★ bequemer ★ ...

Schule früher – heute
(Unterricht, Schulfächer, Tests ...)

Städte früher – heute
(einkaufen, Straßen, Verkehr ...)

Familie und Haushalt früher – heute
(Hausarbeit, arbeiten, kochen, wohnen ...)

Ich denke, der Unterricht war früher langweiliger als heute.

Früher konnte man auf den Straßen spielen, da war weniger Verkehr.

• Verkehr ≈ Autos, Busse, Fahrräder ...

D2 Das hatten wir alles nicht! AB 15–16

a Hör zu. Über welche Themen sprechen Sarah und ihr Großvater? 2/18

• Großvater • Enkelin (• Enkel)

1 (?) Handys
2 (?) Computer
3 (?) Hausarbeit
4 (?) tanzen
5 (?) Prüfungen
6 (?) Verkehr
7 (?) Urlaub
8 (?) Gesundheit

b Hör noch einmal. Was ist richtig? 2/18

WIRTSCHAFT

1 Sarahs Großvater hat ein Problem mit seinem Handy. (?)
2 Sarah kann ihrem Großvater helfen. (?)
3 Sarahs Großvater möchte zwei Telefone haben. (?)
4 Sarahs Großvater geht einmal in der Woche ins Kino. (?)
5 Sarah muss in 15 Minuten in der Schule sein. (?)
6 Großvaters Freund Otto hat angerufen. (?)

AB 22–24

E1 War es früher besser? AB 17–18

> Ich finde, **dass** alles einfacher **wird**.

Hör noch einmal. Wer sagt was? Großvater oder Sarah? Schreib Sätze. 2/18

1 „Alles wird einfacher." *Sarah* findet, dass *alles einfacher wird*.
2 „Alles wird komplizierter." ? meint, dass ?.
3 „Früher hatten **wir** keine Handys und keine Computer." ? sagt, dass **sie** ?.
4 „Das Leben war früher viel langweiliger." ? glaubt, dass ?.
5 „**Du** hast zu viele Prüfungen und Tests." ? meint, dass **Sarah** ?.
6 „**Wir** sind mit dem Rad auf der Straße gefahren." ? erzählt, dass ?.
7 „**Wir** hatten früher mehr Freiheiten." ? ist sicher, dass **die Jugendlichen** ?.

E2 Warum funktioniert das nicht? AB 19–21

> Heute kannst du überall telefonieren, **weil** es Handys **gibt**.

a Ordne zu und schreib die Antworten. Hör zu und vergleiche. 2/19

1 ○ Die Wäsche ist noch schmutzig.
Warum hat die Waschmaschine nicht funktioniert? C
2 ○ Warum funktioniert das Computerspiel nicht? ?
3 ○ Warum funktionieren die Streichhölzer nicht? ?

A ◆ es – geregnet – Weil – hat. ?
B ◆ kein Internet – Weil – haben – wir. ?
C ◆ nicht eingeschaltet – habe – die Maschine – Weil – ich. *Weil ich* ?

Nebensatz mit weil

○ Warum höre ich nichts?
◆ Weil du das Telefon auf „Kopfhörer" geschaltet **hast**.

b Ordnet zu und macht Dialoge wie in a.

○ Warum funktioniert das Handy nicht?
◆ Weil der Akku leer ist.

1 Die LED-Glühbirne ist kaputt. ?
2 Der Code ist falsch. ?
3 Du hast sie nicht eingeschaltet. ?
4 Wir haben kein Öl mehr. ?
5 Die Batterien sind leer. ?
6 Du hast die Kopfhörer nicht eingesteckt. ?
7 Der Motor ist kaputt. ?
8 Die Antenne ist nicht in Ordnung. ?

A • Heizung
B • Auto
C • Taschenlampe
D • Licht
E • Küchenmaschine
F • Fernseher
G • EC-Karte
H • Musikapp

E3 Optimisten und Pessimisten

a Wird das Leben einfacher? Was meint ihr? Schreibt Sätze und berichtet in der Klasse.

mehr Verkehr ★ Online-Geschäfte ★ Computer ★ Videochats ★ mehr Geld haben ★ mehr Prüfungen haben ★ ...

Optimist	Pessimist
Alles wird einfacher, weil ...	*Alles wird schwieriger, weil ...*
Alles wird besser, weil ...	*Alles wird schlechter, weil ...*

b Warum bist du so pessimistisch, optimistisch, traurig ...? Such ein Smiley aus und mach einen Satz mit *weil*.

Ich bin so fröhlich, weil heute die Sonne scheint.

Ich bin so ..., weil ...

1 Das Einkaufszentrum

a Hör das Gespräch mit Frau Koch. Sieh die Stadtpläne 1 und 2 an. Welcher Plan zeigt Hofstätten heute? 2/20

i
● Rentner / ● Rentnerin = die Person arbeitet nicht mehr

1

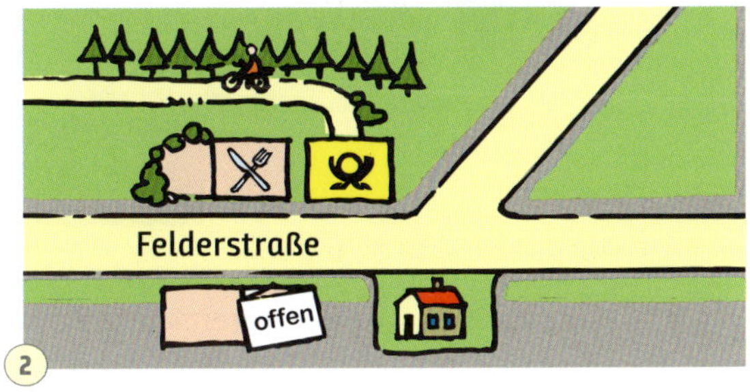

2

b Hör noch einmal. Was war früher anders in Hofstätten? Vergleiche die Pläne und schreib Sätze. 2/20

In der Felderstraße war früher ein Geschäft.
Jetzt ist das Geschäft geschlossen.
An der Ecke war ...
Neben ...

c Was konnte Frau Koch früher tun? Was kann sie jetzt nicht mehr tun?

Früher konnte sie ..., weil ...

schnell einkaufen ★ billig essen ★ spazieren gehen ★ Rad fahren ★ einen Brief aufgeben

2 Vor sechs Jahren ...

a Lies den Text von Vani45 im Schülerforum. Möchte sie noch einmal neun sein? Warum (nicht)?

SCHÜLER-FORUM *Unser Thema heute: Möchtest du noch einmal neun sein?*

Vani45

Nein, ich denke mein Leben ist jetzt viel besser. Früher musste ich früh ins Bett gehen, ich durfte nicht fernsehen und durfte mit meiner Freundin nicht alleine in die Stadt gehen. Ich hatte vor sechs Jahren auch keinen Hund und kein E-Bike. Ich finde, dass die Tests und Prüfungen in der Schule jetzt schwieriger sind. Ich habe mehr Hausaufgaben und muss mehr lernen. Aber ich möchte nicht mehr neun Jahre alt sein.

b Wie war dein Leben früher, wie ist es heute? Schreib einen Text für das Schülerforum.

Ich finde, dass mein Leben jetzt / früher ...
Ich hatte kein Fahrrad / kein eigenes Zimmer / keinen Computer / keine Schwester ...
Jetzt habe ich ...
Ich musste zu Fuß gehen / ins Bett gehen / zu Hause bleiben / bei ... bleiben / ... essen ...
Ich durfte (nicht) ins Schwimmbad gehen / in den Club gehen / aufbleiben ...
Ich konnte noch nicht Ski fahren / Tennis spielen ...
Jetzt muss / darf / kann ich ...

AB 22–25

LÄNDER & LEUTE 17+18 — Ausbildung und Beruf

LL1 Fakten und Beispiele

Lehre ★ Gymnasium ★ Grundschule

a **Hör die Informationen und ergänze die Grafik.** 2/21

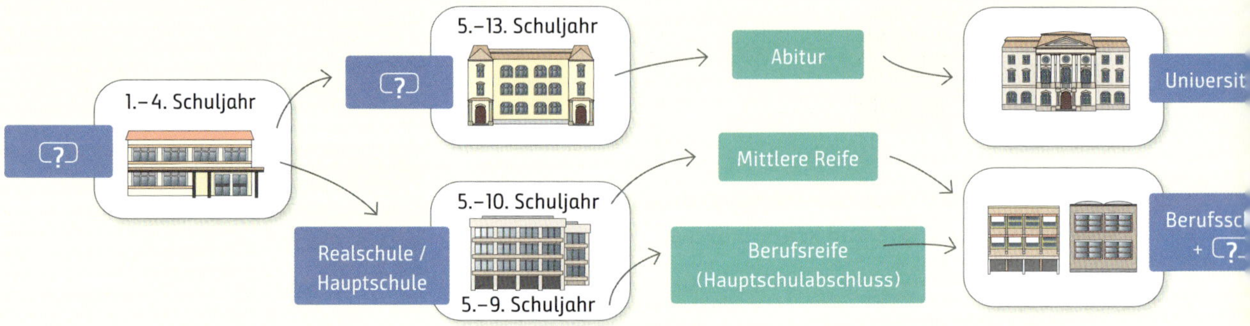

b **Hör zu. Was ist in Österreich und in der Schweiz anders?** 2/22

BHS ★ Matura ★ Primarschule ★ Volksschule

1 In Österreich gibt es: ?   2 In der Schweiz gibt es: ?

c **Vergleicht das Schulsystem in Deutschland mit dem Schulsystem in eurem Land. Was ist ähnlich, was ist anders?**

In Deutschland gibt es ... Bei uns ...
In Deutschland kann man / muss man ...
In Deutschland dauert ...
Bei uns ... länger / kürzer / genauso lang.

d **Lies die Texte. Welche Ausbildung machen Paul und Hannah?**

www.berufswege.org

Beruf oder Schule?

Wenn Jugendliche in Deutschland, Österreich oder der Schweiz 15 Jahre alt sind, müssen sie eine wichtige Frage beantworten: „Will ich weiter in die Schule gehen oder will ich einen Beruf lernen?" Paul und Hannah haben ihren Weg gewählt. Wir haben sie interviewt.

Paul macht eine Lehre als Mechatroniker. Er arbeitet in einer Autowerkstatt und besucht eine Berufsschule.

Hannah besucht ein Gymnasium. Sie geht in die fünfte Klasse. Hannah möchte später Tierärztin werden.

e **Hör die Interviews. Was ist richtig?** 2/23

1 Paul darf in der Werkstatt ? Motoren reparieren. ? nur einfache Sachen machen.
2 Paul gefällt nicht, dass er bei der Arbeit so ? schmutzig wird. ? wenig Geld verdient.
3 Hannah hat ? jeden Nachmittag ? zweimal am Nachmittag Unterricht.
4 Hannah möchte ? mehr ? weniger Wahlfächer haben.
5 Hannah braucht gute Noten, weil sie ? studieren ? einen Beruf lernen möchte.

f **Vergleiche Pauls und Hannahs Situation. Was findest du besser? Diskutiert in der Klasse.**

Paul verdient schon Geld, das finde ich gut.

LL2 Und jetzt du!

a **Vergleicht Julias Schulalltag mit eurem Alltag.**

Unterrichtsbeginn ★ Nachmittagsunterricht ★ Schulfächer ★ Stress ★ ...

Ich stehe früher auf als Hannah.

b **Macht ein Freund oder eine Freundin eine Berufsausbildung? Erzählt in der Gruppe.**

Berufsschule ★ Alltag in der Firma ★ Geld ★ ...

Mein Freund arbeitet als ...

P1 Bereitet eine Posterpräsentation vor.

a Was ist heute anders als vor 60 Jahren? Wählt ein Thema aus.

> **Das Leben in der Stadt:** einkaufen, Straßen, Gebäude, Verkehrsmittel …
> **Schule:** Schulfächer, Stundenpläne, Lehrpersonen, Prüfungen, Methoden …
> **Familienleben und der Alltag zu Hause:** Geschirr abwaschen, Wäsche waschen …
> **Freizeitaktivitäten:** Urlaub, Sport, Kino, Partys …
> **Berufsleben:** Ausbildung, Jobs, Einkommen, Chefinnen und Chefs …
> **Essen und Trinken:** Restaurants, Bars und Kaffeehäuser …

b Sammelt Fragen zu eurem Thema.

Freizeitaktivitäten

1. Wie viel Freizeit hatten die Menschen vor 60 Jahren?
2. Wie oft und wie lange machte man Urlaub?
3. Wohin fuhren die Menschen in den Urlaub?
4. Welche Sportarten waren damals beliebt?
5. Wer waren damals die bekanntesten Sportlerinnen und Sportler?
6. …

c Sprecht mit älteren Personen an eurem Wohnort, nehmt die Antworten auf oder macht Notizen. Sammelt Fotos und Musikbeispiele von früher und sucht auch Informationen im Internet.

d Ordnet eure Informationen und schreibt kurze Texte. Klebt eure Texte und Fotos auf Plakatpapier.

Sport in unserer Stadt

Vor 60 Jahren waren Fußball, Radfahren, Schwimmen im Sommer und Eislaufen im Winter wichtige Sportarten in unserer Stadt. Es gab ein Schwimmbad in der Stadt, aber viele Menschen fuhren mit dem Fahrrad zum Waldsee. Es gab einen Fußballverein und einen Schwimmverein. Aber die Fußballer und Schwimmer konnten nur im Sommer trainieren. Obwohl die Fußballmannschaft nicht besonders gut war, kamen immer sehr viele Zuschauer zu den Fußballspielen. Im Winter konnte man auf dem Waldsee eislaufen.

Sport in unserem Land

Die Sportidole vor sechzig Jahren waren …
Besonders gut waren …
Sie gewannen …

P2 Präsentiert euer Poster.

a Übt die Präsentation. Jede Person in der Gruppe soll etwas sagen. Lest eure Texte vor und vergleicht dann die Informationen mit der Situation heute.

- Unser Thema ist „Freizeitaktivitäten". Was hat man vor 60 Jahren in der Freizeit gemacht? Das zeigen wir euch jetzt.
- Wichtige Sportarten waren damals …
- Heute sieht man viele Jogger in unserer Stadt. Das war damals anders.
- Wir hatten ein Schwimmbad in unserer Stadt. Aber …

b Präsentiert eure Arbeit und spielt das Interview und / oder eure Musikbeispiele aus P1c vor.

> **FILM**
> Schau den Film **Hoffentlich bekomme ich das Zimmer!** an und lös die Aufgaben auf S. 73.

GRAMMATIK 17+18

FINDE DIE Sprechblasen-Sätze IN DEN LEKTIONEN 17 UND 18.

G1 Verb

Präteritum mit Modalverben

	müssen
ich	muss**te**
du	muss**test**
er, es, sie, man	muss**te**
wir	muss**ten**
ihr	muss**tet**
sie, Sie	muss**ten**

ich, er, es, sie man → **-te**
du → **-test**
ihr → **-tet**
wir, sie, Sie → **-ten**

! Kein Umlaut!

Die Boros **mussten** drei Wochen lang wie die Bauern im Jahr 1902 leben.

ebenso: können – ko**nnte**, dürfen – du**rfte**, wollen – woll**te**, sollen – soll**te**, mögen – ! **mochte**

S. 59

G2 Artikel, Nomen und Präpositionen

Wechselpräpositionen mit Akkusativ und Dativ

Wechselpräpositionen mit Akkusativ

wohin? ⟶ in den Topf

geben
legen
stellen
…

auf, über, an, in, vor, hinter, zwischen, neben, unter

Zwiebel und Lauch **in den Topf geben** und fünf Minuten anbraten.

S. 50

Wechselpräpositionen mit Dativ

wo? ◉ auf dem Herd

sein
liegen
stehen
…

auf, über, an, in, vor, hinter, zwischen, neben, unter

Der Löffel **liegt neben der Gabel.**

S. 51

wohin? → Wechselpräpositionen + Akkusativ
wo? → Wechselpräpositionen + Dativ

G3 Satz

a Nebensatz mit *wenn*

Ihr seid fertig, ihr könnt gehen. — Wenn ihr fertig seid, könnt ihr gehen.

Wir müssen jeden Tag so lange arbeiten, es stört mich. — Es stört mich, wenn wir jeden Tag so lange arbeiten müssen.

Wenn ich das bezahlen **muss**, habe ich den ganzen Monat umsonst gearbeitet.

S. 54

b Nebensatz mit *weil*

Heute kannst du überall telefonieren, es gibt Handys. — Heute kannst du überall telefonieren, weil es Handys gibt.

Du hast das Handy auf „Kopfhörer" geschaltet. —
- ◆ Warum höre ich nichts?
- ○ Weil du das Handy auf „Kopfhörer" geschaltet hast.

Warum funktioniert das Handy nicht?

Weil der Akku leer **ist**.

S. 62

17+18 REDEMITTEL

in einem Restaurant bestellen L17, S. 51

- ○ Wir möchten gern bestellen.
- ◆ Bitte sehr.
- □ Ich nehme die Gemüsesuppe.
- ◆ Und was möchten Sie trinken?
- □ Einen Apfelsaft, bitte.

über Berufswünsche sprechen L17, S. 52

- ◆ Was möchtest du nach der Schule machen?
- ○ Ich möchte Pflegefachfrau werden.
- ◆ Ja? Wie wird man das?
- ○ Naja, man muss in eine spezielle Schule gehen.

sagen, was jemanden stört L17, S. 54

- ◆ Es stört mich, wenn jemand immer zu spät kommt.

das Leben früher und heute L18, S. 59

- ○ Früher musste man Feuer machen, wenn man kochen wollte. Heute schaltet man einfach den Herd ein.

seine Meinung zu Fernsehsendungen sagen L18, S. 60

- ◆ Bei Fernsehdokumentationen können die Zuschauerinnen und Zuschauer sehr viel lernen.
- ○ Das finde ich auch. Ich stimme zu.

- ◆ Reality- oder Castingshows zeigen nicht die Realität.
- ○ Das stimmt sicher nicht. Shows wie ... sind gute Unterhaltung, aber sie zeigen nicht das echte Leben.

C3 Vergleiche 13

a **Welche Aussagen stimmen für dich? Markiere ✓ oder x. Korrigiere dann die Sätze mit x.**

1 Fahrräder sind so schnell wie Flugzeuge. x
2 Busse und U-Bahnen sind in der Stadt praktischer als Autos. ?
3 Pommes frites sind gesünder als Karotten. ?
4 Fisch ist genau so süß wie Kuchen. ?
5 Salat schmeckt besser als Eis. ?
6 Reiten ist schwieriger als Karten spielen. ?
7 Tauchen ist genau so langweilig wie Fußball spielen. ?
8 Lesen ist cooler als tanzen. ?

1 x Fahrräder sind langsamer als …

b **Schreibt richtige und falsche Sätze. Findet die falschen Sätze.**

B2 Reisewetter 14

b **Wer mag welches Wetter? Ordne zu.**

~~Regen~~ ★ Hitze ★ Wolken ★ Kälte ★ Sonne ★ Wind ★ Nebel ★ Schnee

1 Ich mag keinen Regen. Da kann ich nicht mit dem Fahrrad fahren.
2 Lena mag die ?. Da ist sie jeden Tag im Schwimmbad.
3 Leon mag keinen ?. Da bekommt er Ohrenschmerzen.
4 Emily mag den ? im Winter. Sie fährt gern Ski.
5 Felix mag die ?. Für ihn sehen sie wie Tiere und Pflanzen aus einer Fantasiewelt aus.
6 Hannah hat kein Problem mit dem ? im Herbst. Da bleibt sie zu Hause und liest ein Buch.
7 Eislaufen ist Finns Lieblingssport. Deshalb liebt er die ? im Winter.
8 Herr Berger mag die ? im Sommer nicht. Er hat Herzprobleme.

C1 Inions und Uxilios Elfenfest 15

d **Du verstehst nicht, wer gemeint ist. Finde die richtige Person.**

1 ○ Wen haben Inion und Uxilio eingeladen? ◆ Sie beide, Rinal und Kimama.
2 ○ Wem passt das rosa Kleid nicht? ◆ ?.
3 ○ Wem gefällt das rosa Kleid nicht? ◆ ?.
4 ○ Wen haben Inion und Uxilio gefragt? ◆ ?.
5 ○ Wem hat Rinal geholfen? ◆ ?.
6 ○ Wem gratuliert Kimama? ◆ ?.
7 ○ Wem schmeckt der Elfencocktail? ◆ ?.

C2 Favoriten 16

b Ordne die drei Dialoge und schreib sie richtig. Ergänze die passenden Adjektive.

praktischsten ★ lieber ★ praktischsten ★ interessantesten ★ ~~interessanter~~ ★ bequemer ★ liebsten ★ praktischsten

- ○ Magst du Fußball, Felix?
- ○ Was ist dein Lieblingsfach?
- ◆ Ja, aber ich finde Basketball interessanter.
- ○ Ich weiß nicht. Ich finde den Bus b[?]. Für mich ist der Bus am p[?].
- ◆ Mein Fahrrad, das ist sicher am p[?].
- ○ Welches Verkehrsmittel findest du am p[?], Clara?
- ◆ Hmm, ich weiß nicht. Ich mag Biologie l[?] als Mathematik. Aber mein Lieblingsfach ist vielleicht Deutsch.
- ○ Genau, Deutsch mag ich auch am l[?].
- ○ Ich finde Basketball auch am i[?].

Dialog 1
- ○ Magst du Fußball, Felix?
- ◆ Ja, aber ich finde Basketball ...

E2 Es stört mich, wenn ... 17

b Ergänze die Sätze. Welche Aussagen passen für dich? Markiere ✓.

~~immer in Eile~~ sein ★ immer schimpfen ★ immer zu spät kommen ★ immer Lügengeschichten erzählen ★ die Haare nicht waschen ★ neben mir rauchen

1. Es stört mich, wenn jemand immer in Eile ist. Das macht mich nervös. (?)
2. Es stört mich, wenn jemand [?]. Ich brauche frische Luft. (✓)
3. Es stört mich, wenn jemand [?]. Das sieht wirklich nicht schön aus. (?)
4. Es stört mich, wenn jemand [?]. Warum müssen die anderen warten? (?)
5. Es stört mich, wenn jemand [?]. Da fühlen sich dann alle schlecht. (?)
6. Es stört mich, wenn jemand [?]. Was soll man da dann glauben? (?)

c Macht Partnerinterviews. Was habt ihr gemeinsam?

Stört es dich, wenn jemand neben dir raucht?

Ja, das stört mich sehr.

B1 Ein Arbeitstag im Schwarzwaldhaus – ein Arbeitstag in Berlin 18

d Alinas Alltag. Ergänze den Text mit den Informationen aus dem Diagramm. Schreib dann einen eigenen Text. Wie ist dein Leben?

FORUM Wie ist dein Leben?

Ich finde, dass mein Alltag nicht einfach ist. Ich schlafe **a** acht Stunden am Tag. (Das muss sein!) Dann bleiben mir aber nur noch **b** [?] Stunden. Ich muss jeden Tag **c** [?] Stunden lang in der Schule sein, manchmal sogar länger. Außerdem sitze ich jeden Tag **d** [?] Stunden im Autobus. Ich muss zur Schule fahren und von der Schule nach Hause kommen. Dann sind da die Hausaufgaben, und wenn wir einen Test haben, muss ich für den Test lernen. Das dauert **e** [?] Stunden. Ich muss natürlich frühstücken, zu Mittag und zu Abend essen ([?] Stunden), und ich muss im Haushalt helfen (**f** [?] Stunde). Eigentlich bleiben dann nur noch **g** [?] Stunden für mich und meine Freunde. Das ist ziemlich wenig, findet ihr nicht? Zum Glück gibt es das Wochenende und die Ferien. Alina, 15

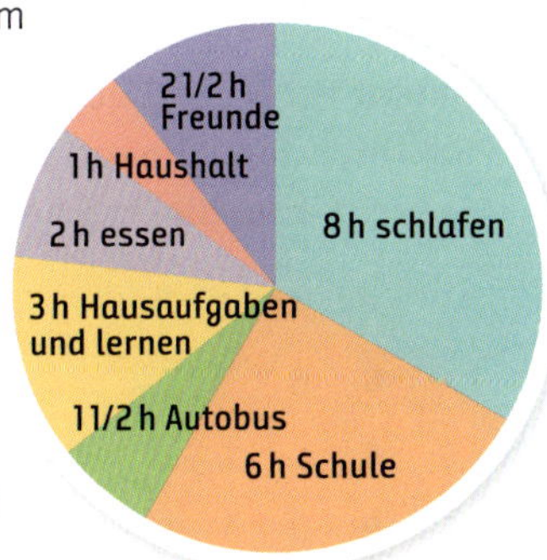

1 **Lisa und Alex.**
Sieh Teil 1 des Films an.
Was ist richtig? ▶ Teil 1

Lisa und Alex ...

1	sind	(?) ledig.	(?) verheiratet.	(?) geschieden.
2	leben	(?) in Österreich.	(?) in Deutschland.	(?) in der Schweiz.
3	waren zusammen	(?) in der Schule.	(?) im Urlaub.	(?) auf der Universität.
4	haben in	(?) Österreich	(?) Lübeck	(?) Ägypten ihre Freundin Amina getroffen.

2 **Amina. Sieh Teil 2 des Films an. Lies dann den Text und korrigiere vier weitere Fehler.** ▶ Teil 2

Amina kommt aus Österreich. Sie hat Lisa und Alex in Deutschland getroffen. Lisa war Reiseleiterin. Schnell sind sie gute Freunde geworden. Amina hat ihnen viel in Ägypten gezeigt. In der Schule war Geschichte Aminas Lieblingsfach. Jetzt möchte sie nach Deutschland kommen, und sie hat es geschafft: Sie darf an der Universität in Berlin studieren.

falsch: Österreich,
richtig: Ägypten

3a **„Das ist typisch für ..." Sieh Teil 3 des Films an. Ordne dann zu.** ▶ Teil 3

1 In einer Woche kommt ...
2 Lisa und Alex wollen ...
3 Alex will Amina ...
4 Lisa findet ...
5 Lisa und Alex kaufen ...

a Amina eine Süßigkeit.
b Amina in Deutschland an.
c die Idee von Alex nicht so gut.
d ein Buch oder Blumen schenken.
e Amina ein Geschenk machen.

b **„Was nehmen wir denn?" Sieh Teil 4 des Films an und bring den Dialog in die richtige Reihenfolge.** ▶ Teil 4

(?) ○ Das hier ist süß. Ein Marzipan-Kleeblatt.
(?) ○ Vielleicht finden wir auch etwas Schönes für dich.
(?) ◆ Ja, finde ich auch. Sie muss es ja nicht essen, sie kann es ja als Glücksbringer nehmen.
(?) ○ Die ist auch gut. Schenken wir ihr beides ... So und jetzt gehen wir richtig shoppen.
(?) ◆ Aber Lisa!
(?) ◆ Oder vielleicht diese Marzipan-Box?
(1) ◆ Was nehmen wir denn? Es gibt Marzipan in so vielen verschiedenen Formen und Farben.

4 **Findet für jeden Buchstaben im Vornamen von eurer Partnerin / eurem Partner ein Geschenk für sie / ihn. Schreibt dann einen Satz wie im Beispiel und „gebt" der Partnerin / dem Partner eure Geschenke. Sprecht über die Geschenke.**

		J	A	C	K	E
		U	H	R		
	B	**A**	L	L		
H	A	**N**	D	Y		

Juan, ich schenke dir eine Jacke, eine Uhr, einen Ball und ein Handy.

Das Geschenk finde ich toll!

Vielen Dank!

Die Jacke gefällt mir.

1 **Lisa und Alex gehen shoppen. Sieh Teil 1 des Films an und ordne zu.** ▶ Teil 1

1 Das erste Kleid ist …
2 Alex findet das blaue Kleid …
3 Alex findet das rosa Kleid …
4 Lisa und Alex finden die Farbe …
5 Das grüne Hemd ist zuerst …
6 Die Hose für das perfekte Outfit ist …

a schöner als das rote Kleid.
b schwarz.
c Grün sehr schön.
d rot und schön.
e nicht so schön.
f zu eng.

2 **Was ist dein Lieblingsoutfit? Fragt und antwortet.**

Hast du ein Lieblingsoutfit?

Ja, ich ziehe sehr gern … an.

Nein, eigentlich nicht. Ich trage …

3a **Sieh die Fotos an. Wo sind Lisa, Alex und Amina? Was machen sie? Was meinst du?**

Das sind …
Sie sind am …
Sie möchten …
Sie geben …
Dann gehen sie vielleicht …

b **Aminas Reise. Wie ist sie gereist? Stimmen deine Vermutungen in a? Sieh Teil 2 an und ordne zu.** ▶ Teil 2

Bahnhof ★ Flugzeug ★ mit ★ Wohnung ★ von ★ Flughafen ★ Von ★ zum ★ Zug ★ nach

Amina reist mit dem **1** (?). Sie fliegt **2** (?) Kairo **3** (?) Lübeck.
Lisa und Alex holen Amina am **4** (?) ab. **5** (?) dort gehen sie **6** (?) **7** (?).
Sie fahren **8** (?) dem **9** (?) zu Alex und Lisas **10** …….

4a **Ankunft in Lübeck. Lies die Sätze und ergänze die Verben im Perfekt.**

1 Amina ……. gut in Lübeck (?). *(ankommen)* (?)
2 Amina (?) den Abschied von Kairo schwer (?). *(finden)* (?)
3 Amina (?) ihre Freunde zum Abschied (?). *(einladen)* (?)
4 Amina (?) nichts von ihrer Schwester (?). *(erzählen)* (?)
5 Amina (?) schon einmal Marzipan (?). *(probieren)* (?)

b **Sieh Teil 3 des Films an. Lies die Sätze in a noch einmal. Was ist richtig?** ▶ Teil 3

5 **Wie war deine letzte Reise? Wo warst du? Wie bist du gereist? Wie lange? Fragt und antwortet.**

Wie war deine letzte Reise?

Ich bin nach / in … gereist. Ich bin mit … gefahren / geflogen.
Ich bin dort … geblieben. Ich habe die Reise … gefunden.

FILM 15+16 — Ich habe jemanden kennengelernt!

1 Amina und Mark. Sieh Teil 1 des Films an. Was ist richtig? ▶ Teil 1

1 Amina und Mark haben sich (?) im Internet (?) auf einer Party (?) in der Uni kennengelernt.
2 Amina findet Mark (?) intelligent und gestresst. (?) interessiert und lustig. (?) uncool und langweilig.
3 Mark kommt aus (?) Lübeck. (?) Büsum. (?) Zürich.
4 Mark hat Amina (?) an die Nordsee (?) in den Urlaub (?) zum Schwimmen eingeladen.

2a In Büsum. Ordne die Überschriften den Fotos zu.

(A) ~~Mark erklärt das Wattenmeer.~~ ★ (B) Amina und Mark essen am Hafen ein Eis. ★
(C) Amina wartet auf Mark. ★ (D) Amina und Mark gehen am Strand spazieren.

A – 4

1

2

3

4

b Stimmen deine Vermutungen in a? Sieh Teil 2 des Films an und bring die Fotos auch in die richtige Reihenfolge. ▶ Teil 2

3, ...

c Sieh Teil 2 noch einmal ganz genau an. Finde das falsche Wort und korrigiere es. ▶ Teil 2

1 Aminas Haare sind blond und kurz.
2 Mark ist schlank, ruhig und unfreundlich.
3 Amina ist ein bisschen kleiner als Mark, ihre Augen sind heller.
4 Aminas Kleidung ist farbiger als Marks Kleidung. Marks Schuhe sind dunkler.
5 Mark und Amina tragen beide keine Uhr, keine Brille und keine Zahnspange.

1 falsch: blond
richtig: schwarz

3a Helgoland. Wo liegt Helgoland? Such Helgoland auf der Karte vorne im Buch. Sieh dann Teil 3 des Films an. Was ist richtig? ▶ Teil 3

1 Mark und Amina sind am Hafen von Lübeck. (?)
2 Helgoland ist eine Insel. (?)
3 Die Schifffahrt nach Helgoland dauert den ganzen Tag. (?)
4 Mark und Amina wollen für einen Tag nach Helgoland fahren. (?)
5 Amina will mit dem Zug nach Helgoland fahren. (?)

b Helgoland in Zahlen. Ergänze die Tabelle.

1	Büsum ↔ Helgoland	ungefähr 60 (?) (km)
2	Fahrtdauer mit dem Schiff:	2 ½ (?) (h)
3	(?):	ca. 24 Kilometer pro Stunde (km/h)
4	Fläche Helgoland:	1,7 (?) km²
5	Temperatur Helgoland:	8 (?) (°)

Geschwindigkeit ★ Grad ★ Kilometer ★ Quadratkilometer ★ Stunden

c Lies die Tabelle und schreib Fragen wie im Beispiel. Macht dann ein Quiz.

Wie weit ist Büsum von Helgoland entfernt?

1 **Amina sucht ein Zimmer. Sieh Teil 1 des Films an. Was ist richtig?** ▶ Teil 1

1 Amina ist seit einiger Zeit in (?) Deutschland. (?) Ägypten.
2 Amina wohnt in (?) einer eigenen (?) Lisas und Alex' Wohnung.
3 Lisas und Alex' Wohnung ist (?) ganz anders als (?) so wie Aminas Wohnung in Kairo.
4 Amina will (?) alleine (?) mit anderen zusammen wohnen.

2 **Amina schaut die Wohnungen an. Ergänze die Sätze. Sieh dann Teil 2 an. Welche Wohnung passt zu den Aussagen? 1, 2 oder 3?** ▶ Teil 2

kleinsten ★ Waschmaschine ★ meisten ★ beste ★ zwischen ★ oben

		Wohnung
1	Diese Wohnung hat die (?) Lage. Sie liegt gleich neben dem Fluss Trave.	2
2	Diese Wohnung kostet am (?).	(?)
3	Diese Wohnung ist am (?).	(?)
4	Diese Wohnung liegt ganz (?) im Haus.	(?)
5	Diese Wohnung liegt (?) einem Supermarkt und einem Gemüsehändler.	(?)
6	Diese Wohnung hat eine (?) und einen Geschirrspüler.	(?)

3a **Welche Wohnung ist am besten? Was sagt Amina über die Wohnungen? Sieh Teil 3 an und ordne zu.** ▶ Teil 3

1 gemütlich sein ★
2 Zimmer zu klein sein ★
3 ~~sehr schön sein~~ ★
4 die Leute nicht sympathisch sein ★
5 zu viel kosten

die erste Wohnung 3 (?) (?)
die zweite Wohnung (?)
die dritte Wohnung (?)

b **Was stört Amina, was gefällt ihr? Schreib fünf Sätze mit den Angaben in a.**

1 Es gefällt Amina, dass die Wohnung sehr schön ist.
2 Es stört Amina, dass die Leute ...

4a **Das neue Zimmer. Sieh Teil 4 an. Was stellt Amina in ihr neues Zimmer? Notiere.** ▶ Teil 4

Sie stellt in ihr neues Zimmer einen Schreibtisch, ...

b **Wohin kommen die Möbel? Im Text gibt es fünf Fehler. Schreib den Text richtig. Sieh dann Teil 4 noch einmal an und vergleiche.** ▶ Teil 4

Amina stellt ihren Schreibtisch unter die Lampe. Sie stellt ihren Computer auf den Schrank. Den Schrank stellt sie zwischen das Bett und die Tür. Das Regal kommt zwischen das Bett und das Sofa. Amina stellt eine Lampe in die Ecke. Das Sofa stellt sie zwischen die Pflanze und das Fenster. Sie legt den Teppich in die Mitte des Zimmers. Ihre Fotos hängt sie über das Sofa.

c **Schaut Aminas Zimmer genau an (▶ Teil 4 01:44). Ihr habt eine Minute Zeit. Schaltet dann das Bild aus und macht ein Quiz. Eine Person beginnt mit einer Frage. Die andere Person antwortet und fragt weiter. Wer macht am meisten richtig?**

Wo ist der Schreibtisch?

Der Schreibtisch steht unter dem Fenster. Wo liegt der Teppich?

...

1 Verb

a **Konjugation Präsens**

	bekommen
ich	bekomm**e**
du	bekomm**st**
er, es, sie, man	bekomm**t**
wir	bekomm**en**
ihr	bekomm**t**
sie, Sie	bekomm**en**

Bekommst du Taschengeld?

Negation

nicht: Der Kugelschreiber schreibt nicht.

kein: Ich habe keine Briefmarke.

S. 30

S. 7

b **Konjugation Präsens Modalverben**

Das geht nicht.
Du **musst** zu Hause **bleiben**.

	müssen	**können**	**wollen**	**dürfen**	**mögen**
ich	**muss**	**kann**	**will**	**darf**	**mag**
du	**musst**	**kannst**	**willst**	**darfst**	**magst**
er, es, sie, man	**muss**	**kann**	**will**	**darf**	**mag**
wir	müssen	können	wollen	dürfen	mögen
ihr	müsst	könnt	wollt	dürft	mögt
sie, Sie	müssen	können	wollen	dürfen	mögen

S. 33

c **Imperativ**

Räum doch dein Zimmer **auf!**

Du kommst mit. — Komm mit!
Ihr kommt mit. — Kommt mit!
Sie kommen mit. — Kommen Sie mit!

S. 14

d **Präteritum von *sein* und *haben***

Die Stürme **waren** einfach zu stark.

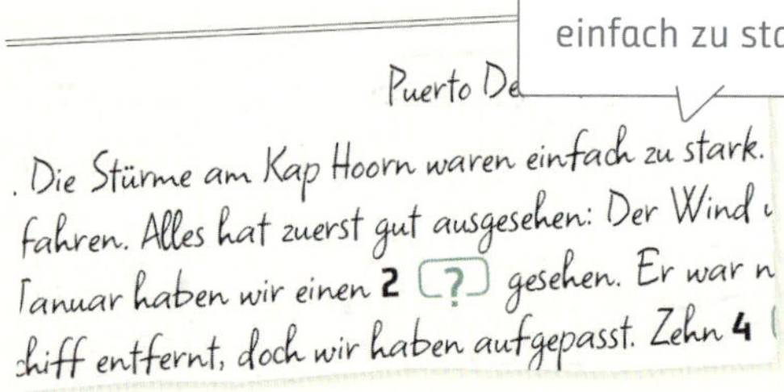

	sein	**haben**
ich	**war**	**hatte**
du	**warst**	**hattest**
er, es, sie, man	**war**	**hatte**
wir	**waren**	**hatten**
ihr	**wart**	**hattet**
sie, Sie	**waren**	**hatten**

S. 20

e **Perfekt**

Hat es Streit **gegeben**?
Was **ist passiert**?

Perfekt mit *sein*: fahren, kommen, gehen, laufen, schwimmen, aufstehen, fallen, passieren, steigen, einsteigen, aussteigen, verreisen, …

S. 20

2 Artikel, Nomen und Pronomen, Präpositionen

a Nomen im Plural

Nomen (Plural)	
Lampen	-(e)n: Jacken, Hosen ...
Bleistifte	-e / ¨e: Schuhe, Röcke ...
Bücher	-er / ¨er: Kleider, Kaufhäuser, ...

Nomen (Plural)	
Fenster	- / ¨: Pullover, Mäntel, Stiefel ...
Autos	-s: Schals, T-Shirts ...

S. 10

b Nominativ

	Nomen	indefiniter Artikel	Negativartikel	definiter Artikel	Pronomen
maskulin	• Rock	ein Rock	kein Rock	der Rock	er
neutral	• Hemd	ein Hemd	kein Hemd	das Hemd	es
feminin	• Jacke	eine Jacke	keine Jacke	die Jacke	sie
Plural	• Röcke, • Hemden, • Jacken		keine Röcke, Hemden, Jacken	die Röcke, Hemden, Jacken	sie

S. 12, 30

c Akkusativ

Akkusativ
→ bei maskulin Singular • den, keinen, deinen

Nimmst du den • Mantel ?
Ich brauche (k)einen • Mantel .
Wie viel hast du für deinen • Mantel bezahlt?

Ich brauche noch eine Hose.

d Dativ

	Nomen	Dativ
maskulin	• Zug	dem Zug
neutral	• Fahrrad	dem Fahrrad
feminin	• U-Bahn	der U-Bahn
Plural	• Züge, Fahrräder, U-Bahnen	den Zügen, den Fahrrädern, den U-Bahnen

e Präpositionen mit Dativ und Akkusativ

Dativ			
Wo?	vor, hinter, zwischen, neben, auf, über, unter, an, in, bei		
	Woher?	Wohin?	Wie?
	von, aus	zu, nach	mit

Akkusativ		
Wohin?	in, an	für, gegen, ohne

Präposition + dem:
in → im
an → am
von → vom
bei → beim
zu → zum
Präposition + der:
zu → zur

Präposition + das:
in → ins, an → ans

S. 22

f Pronomen

Nominativ	Akkusativ	Dativ
ich	mich	mir
du	dich	dir
er	ihn	ihm
es	es	ihm
sie	sie	ihr
wir	uns	uns
ihr	euch	euch
sie, Sie	sie, Sie	ihnen, Ihnen

Der junge Batur gefällt ihnen.

S. 32

LÖSUNGEN

Seite 8, Lektion 13, A1 b

Mia muss für die Markenschuhe noch sechs Stunden babysitten.
(89 + 15) – (30 + 36 + 5) = 33
Mia bekommt 6 € pro Stunde.
Also muss sie noch sechs Stunden babysitten.

Seite 11, Lektion 13, C2 b

Sie haben nicht falsch gerechnet.
Schau die Zahlen genau an: ~~89~~68

Seite 37, Lektion 16, A2 b

Text 5 ist falsch.

Seite 56, Lektion 18, A2

Frage 1: Du musst 300 Bürsten binden
(150 Mark : 0,50 Mark = 300).

Frage 2: Du musst 600 Stunden arbeiten. Wenn du jeden Abend 2 Stunden arbeitest und dabei eine Bürste bindest, braucht du für 300 Bürsten 300 Abende, das ist fast ein ganzes Jahr (365 Tage)!

Frage 3: Ein Arbeiter im Jahr 1900 muss für eine Kuh 2,25 Monate arbeiten.
800 Mark : 12 Monate = 66,67 Mark/Monat;
150 Mark : 66,67 Mark/Monat = 2,25 Monate

QUELLENVERZEICHNIS

Cover: © Getty Images/Moment/Roos Koole | **U2:** Karte © www.landkarten-erstellung.de HF/AB | **S. 8:** Mia © Getty Images/iStock/gbh007; Hose, Pullover, Stiefeletten © Getty Images/iStock/Olga Gillmeister; Mädchen mit Tablet © Getty Images/iStock/AntonioGuillem; Turnschuhe rot © Getty Images/iStock/artisteer; Geld: 10€, 50€ © Getty Images/iStock/thumb; 5€ © Getty Images/iStock/thodonal; 1€ © Getty Images/iStock/Drazen Mrkaljevic; ÜA2: links © Getty Images/iStock/monkeybusinessimages; rechts © Getty Images/E+/FatCamera | **S. 9:** Mädchen mit Tablet © Getty Images/iStock/AntonioGuillem; Logo © Getty Images/iStock/adiyatma dermawan; Porträts: 1. Spalte von oben: © Getty Images/iStock/Ridofranz; © Getty Images/E+/PeopleImages; © Getty Images/E+/ciricvelibor; 2. Spalte von oben: © Getty Images/iStock/Anna Cinaroglu; © Getty Images/E+/aldomurillo; © Getty Images/iStock/gbh007 | **S. 15:** Turnschuh © Getty Images/iStock/David Peperkamp; Bea © Getty Images/E+/Stígur Már Karlsson / Heimsmyndir | **S. 16:** Weltkarte, Detailkarte © ii-graphics - stock.adobe.com; Eispickel © Getty Images/iStock/malerapaso; A © Getty Images/E+/AscentXmedia; D: Foto © Getty Images/PHOTOS.com/Jupiterimages; Karomuster: © Getty Images/iStock/jockermax; C © Getty Images/DigitalVision/Buena Vista Images; B © Getty Images/Aurora Open/Jose Azel; Piktogramme: Auto © Getty Images/DigitalVision Vectors/bubaone; Helikopter © Getty Images/iStock/f9b65183_118; Flugzeug © Thinkstock/iStock/LueratSatichob; ÜA1: 1 © Getty Images/iStock/aimintang; 2 © Thinkstock/moodboard; 3 © Getty Images/iStock/HQuality Video | **S. 17:** B © Getty Images/Aurora Open/Jose Azel; C © Getty Images/DigitalVision/Buena Vista Images; Kletterseil © Getty Images/iStock/Thomas-Soellner; Illustration Berge © Getty Images/iStock/AnnaFrajtova | **S. 18:** ÜB1a: Fotos: Wetter schlecht © Getty Images/Aurora Open/Jose Azel; Wetter gut © Getty Images/DigitalVision/Buena Vista Images; Illustration Berge © Getty Images/iStock/AnnaFrajtova; ÜB1b Piktogramme © Getty Images/iStock/zelimirz | **S. 19:** ÜC1: A © Thinkstock/iStock/Sylphe_7; B © ii-graphics - stock.adobe.com; Logbuch © Getty Images/iStock/daboost | **S. 20:** Foto © Getty Images/PHOTOS.com/Jupiterimages; Karomuster © Getty Images/iStock/jockermax | **S. 21:** ÜD1: 1. Spalte von oben: © PantherMedia/Jens Lehmberg; © Thinkstock/iStock/PaulVinten; © Thinkstock/iStock/MBPROJEKT_Maciej_Bledowski; 2. Spalte von oben: © Getty Images/iStock/gorodenkoff; © Getty Images/iStock/tamara_kulikova; © Getty Images/E+/Henrik5000; ÜD2 © Getty Images/E+/kate_sept2004 | **S. 22:** Piktogramme: Fußgänger © Getty Images/iStock/LysenkoAlexander; Flugzeug, Auto, Fahrrad, Bus, Hubschrauber, Schiff © Getty Images/iStock/f9b65183_118; Motorrad, Ballon, Zug, Straßenbahn: Sieveking, Agentur für Kommunikation | **S. 23:** Florian, Hannah © Getty Images/E+/kate_sept2004 | **S. 24:** a: A © Getty Images/iStock/4FR; B © Getty Images/iStock/Igor Dashko; b © Getty Images/iStock Editorial/Spitzt-Foto; e: 1 © Sarah Marchant / Alamy Stock Foto; 2: Oktoberfest © Rawf8 - stock.adobe.com; Mann © Astrid Gast - stock.adobe.com | **S. 25:** Plakat: Cornelia Krenn, Wien; Fotos © iStockphoto | **S. 28:** Lara und Pascal © PantherMedia/Kati Neudert; Albert und Maria © PantherMedia/Thomas Lammeyer; Yvonne und Hannah © PantherMedia; Farn © Getty Images/iStock/spline_x; Blüten © Getty Images/iStock/hydrangea100 | **S. 29:** 3D Elfen alle © Atelier Sommerland - stock.adobe.com; Hintergrund Fantasia: Elfe © Getty Images/iStock/aklionka; Dschungel © Getty Images/E+/Vizerskaya; Farn © Getty Images/iStock/spline_x; Blüten © Getty Images/iStock/hydrangea100 | **S. 30:** Foto © PantherMedia | **S. 32:** Foto: Cornelia Krenn, Wien | **S. 36:** Foto © dpa Picture-Alliance/dpa; Hintergrund Piktogramme Erfolg © Getty Images/iStock/undefined | **S. 37:** A © Arquivo Publiçor (fotógrafo josé António Rodrigues); C © Thinkstock/Stockbyte/Jupiterimages; D © dpa Picture-Alliance/AP Images/Than Nienh Newspaper; E © imago/Steffen Schellhorn; F © Getty Images/iStock/brazzo; Hintergrund Piktogramme Erfolg © Getty Images/iStock/undefined | **S. 38:** Boeing 747 © Thinkstock/iStock/tony strong | **S. 39:** Zähne putzen © Thinkstock/Stockbyte/Jupiterimages | **S. 40:** Terra Nostra © Arquivo Publiçor (fotógrafo josé António Rodrigues) | **S. 41:** 1 © PantherMedia/Radka Linkova | **S. 43:** A © Thinkstock/Stockbyte/Comstock Images; B © ddp/Newscom/NATO; C © Thinkstock/iStock/g-stockstudio | **S. 44:** A © Getty Images/iStock/sculpies; B: Schweiz © Getty Images/iStock/brichuas; Wolke © Getty Images/iStock/clundmu; C © Getty Images/iStock Editorial/Ilari Nackel; D © Getty Images/iStock/bluejayphoto; E © Getty Images/iStock/silverjohn; F © Getty Images/iStock/Sherry Judd | **S. 48:** A © Getty Images/iStock/Nicoproductions; B © Getty Images/E+/monzenmachi; Hintergrund Muster © Getty Images/iStock/rusm; Essstäbchen © Getty Images/iStock/Bigmouse108; giftig © Thinkstock/iStock/dutch iconaA; gestorben © Getty Images/iStock/slalomp | **S. 49:** Essstäbchen © Getty Images/iStock/Bigmouse108; Illustration Fische © Getty Images/iStock/Alhontess; Kugelfisch zubereitet © Getty Images/iStock/Gyro | **S. 50:** Akio Fisch © Getty Images/iStock/Alhontess | **S. 51:** Logo Restaurant © Getty Images/iStock/Artnivora Studio | **S. 52:** ÜC1a: A © Getty Images/iStock/Mirel Kipioro; B © Thinkstock/iStock/4774344sean; C © iStock/1001nights; D © Thinkstock/Stockbyte/altrendo images; E © Thinkstock/iStock/andresrimaging; F © PantherMedia/goodluz; G © Getty Images/E+/jeffbergen; ÜC1b © Thinkstock/Photodisc | **S. 56:** Berlin © Getty Images/iStock/steglitzer; Boros alle © laif/Theodor Barth; Hintergrund Notizbuch © Getty Images/iStock/daboost | **S. 57:** Hintergrund Notizbuch © Getty Images/iStock/daboost; Gräser © Getty Images/iStock/redmal; Bauernhaus © atosan - stock.adobe.com; Karte Deutschland © Digital Wisdom | **S. 58:** Foto Boro © laif/Theodor Barth | **S. 59:** Foto Boro © laif/Theodor Barth | **S. 61:** Füllfeder © Getty Images/iStock/scisettialfio; D1: 1. Reihe von links: © Shutterstock/Everett Collection; © Getty Images/iStock/clu; © Shutterstock/Everett Collection; 2. Reihe von links: © Getty Images/E+/vgajic; © Getty Images/iStock/Qju Creative; © Thinkstock/iStock/JackF; ÜD2: Fahrradhelm © Getty Images/E+/dlewis33 | **S. 63:** Vani © PantherMedia | **S. 65:** Plakat: Cornelia Krenn, Wien | **S. 70:** Karte Deutschland © Thinkstock/iStock/Sirintra_Pumsopa; alle weiteren Produktionsfotos: qub media Gmbh | **S. 71:** Produktionsfotos: qub media Gmbh | **S. 72:** Produktionsfotos: qub media Gmbh | **S. 73:** Produktionsfoto: qub media Gmbh | Gesamtes Werk: Hintergrund kariertes Papier © Getty Images/iStock/TARIK KIZILKAYA; Hintergrund zerknittertes Papier © Getty Images/iStock/Eplisterra

Produktionsfotos: Alexander Sascha Keller, München
Zeichnungen: Beate Fahrnländer, Lörrach
Zeichnungen „Rosi Rot und Wolfi": Matthias Schwoerer, Badenweiler
Schülerposter: Cornelia Krenn, Wien
Bildredaktion: Nina Metzger, Hueber Verlag, München

Inhalt der CDs:
Hörtexte zum Kursbuch Lektionen 13–18 © Hueber Verlag, München, Deutschland

Sprecherinnen und Sprecher: Peter Frerich, Walther von Hauff, Verena Rendtorff, Manuel Scheuernstuhl, Lilith von Waberer, Lara Wurmer u. a.
Produktion: Atrium Studio Medienproduktion GmbH, 81379 München